Volker Zwick

Das 1x1 des Internet

Volker Zwick

Das 1x1 des Internet

Alles, was Sie wissen müssen
So kommen Sie rein

Weltbild

Schritt für Schritt: Mit Internet-by-Call ohne Vertrag ins Internet

So finden Sie sich im Netz zurecht

Sicherheit im Internet

Einkaufen im Netz: Chancen und Risiken

Glossar

So kommen Sie rein

Haben Sie sich extra einen neuen Computer gekauft, um nun endlich auch die Möglichkeit zu haben, im Internet zu surfen? Sie möchten an all den Neuheiten der Technik teilhaben, wissen aber nicht, wie Sie es anstellen sollen? Dann sind Sie hier richtig! In diesem Buch finden Sie einfache Schritt-für-Schritt-Anleitungen, mit denen Sie Ihren Weg ins Internet gestalten, einen E-Mail-Account einrichten oder an Newsgroups und Chat-Foren teilnehmen können. Sie finden die wichtigsten Informationen, die Ihnen helfen, den richtigen Internetzugang für Ihre persönlichen Bedürfnisse auszuwählen, erfahren, nach welchen Kriterien Sie Ihren Anbieter auswählen, und vieles mehr.

Das alles ist in einfachen Worten, ohne technologischen Begriffsdschungel und für jedermann verständlich erklärt. Auch die vielen Tipps und Tricks werden Ihnen helfen, so manchen Fehler zu vermeiden und schneller fit zu werden im Umgang mit dem Internet.

Ein Hinweis vorab, der das Verständnis einiger Zusammenhänge erleichtern wird: Im Interesse einer besseren Lesbarkeit werden die Abkürzungen und Fachbegriffe nicht jedes Mal im Text erklärt. Stoßen Sie auf einen Begriff, den Sie nicht kennen, so schlagen Sie einfach im Glossar im Anhang dieses Buches nach.

Viel Spaß im Internet!

Das Internet: Ursprung, Gegenwart und Zukunft

Das Internet ist viel mehr als die bunten Seiten des World Wide Web (abgekürzt WWW), selbst wenn das WWW mittlerweile so beliebt und umfangreich geworden ist, dass es schneller wächst als die übrigen Teile. Aber auch die anderen Bereiche und Dienstleistungen im Internet bieten interessante Möglichkeiten. Sie werden in diesem Kapitel kurz vorgestellt. Weiter reichende Erläuterungen zur Anwendung und Nutzung der einzelnen Dienste finden Sie in den jeweiligen Kapiteln. Daran anschließend finden Sie eine kurze Darstellung über die Entwicklung des Internets. Natürlich ist auch das Internet, so wie wir es jetzt kennen, nur eine Momentaufnahme in der Gesamtentwicklung. Man darf gespannt sein, wie und in welche Richtung es sich in der nächsten Zeit weiterentwickeln wird. Auch hierzu finden Sie einige Anmerkungen am Ende des Kapitels.

Vom Militärgeheimnis zum Medium für jedermann

Kaum zu glauben, aber wahr: Das Internet ist eigentlich eine Erfindung des Militärs, und seine Entstehung geht zurück auf die Zeiten des Kalten Krieges. Das US-amerikanische Verteidigungsministerium entwickelte die grundsätzlichen Übertragungstechnologien Ende der 60er Jahre mit dem Ziel, ein neuartiges Computersystem aufzubauen, das auch beim Ausfall eines oder mehrerer Rechner noch funktionieren würde. Denn die bisherigen Systeme arbeiteten hierarchisch, d. h., alle Rechner waren einem großen Zentralcomputer untergeordnet. Das hatte den Nachteil, dass das gesamte Netzwerk ausfiel, wenn die oberste Instanz nicht funktionierte.

Nun entstand ein Netzwerk, in dem die Systeme gleichberechtigt miteinander verbunden sind. Hier macht es nichts aus, wenn ein Rechner einmal ausfällt: Die Daten werden dann so lange über freie Netzknoten geleitet, bis sie am Ziel angekommen sind. Ein solches Netzwerk ist natürlich weit weniger störungsanfällig.

Amerikanische Universitäten legten den Grundstein

Die Geburtsstunde des Internets schlug im September 1969: Der Netzbetrieb zwischen vier Standorten an der University of Utah, der University of California und SRI International, Menlo-Park, wurde aufgenommen. Kurze Zeit später schlossen sich andere Universitäten dem Verbund an. 1971 gab es bereits mehr als 30 Knoten im so genannten ARPANET. In den Jahren 1973/74 wurde dann das heute noch gültige Kommunikationsprotokoll Transmission Control Protocol/Internet Protocol (TCP/IP) entwickelt. 1983, also 14 Jahre nach dem Zusammenschluss der ersten vier Rechner, war dieses Netz so groß geworden, dass es in einen militärischen Teil, das MILNET, und einen forschungsorientierten Teil, das ARPANET, aufgespaltet werden musste. Letzteres wurde später in Internet umbenannt.

Deutschland steigt ins Internet ein

Ein Jahr später, also 1984, wurde in Deutschland der Verein zur Förderung eines Deutschen Forschungsnetzes (DFN-Verein) gegründet. Zusammen mit der damaligen Deutschen Bundespost wurde das Wissenschaftsnetz aufgebaut, das den Universitäten und Forschungseinrichtungen erstmals einen breiten Internetzugang gewährleistete. In den 80er Jahren wuchs das Internet, von der Öffentlichkeit mehr oder weniger unbemerkt, heran. Der Durchbruch kam im folgenden Jahrzehnt: Das Internet entwickelte sich aus der Forschung und aus den Universitäten heraus, und immer mehr private und berufliche Anwender nutzten das Internet für ihre Zwecke. Dieser Trend ist bis heute ungebrochen.

TIPP Von seiner Geburtsstunde an ist das Internet auch ein Medium für engagierte Enthusiasten, die hier ihr Wissen frei zugänglich machen. Unter Adressen wie z. B. www.netplanet.org oder www.netlexikon.de finden Sie große Nachschlagewerke zum Thema Internet. Sogar komplette Computerkurse werden im Netz für jedermann kostenlos angeboten.

Unterhaltsames World Wide Web

Wer kennt sie nicht, die WWW-Adressen. Fast überall begegnen sie uns, ob auf Werbebroschüren, in Zeitschriften oder in der Fernsehwerbung. Kein Wunder, denn beim World Wide Web handelt es sich um den mit Abstand größten und bekanntesten Internet-Dienst. Die Frage, warum das WWW so beliebt wurde, ist schnell beantwortet: Das WWW bietet die Möglichkeit, Bilder, Texte, Töne und sogar kleine Videodateien und Animationen mit einzubinden. Das WWW ist also bunt und unterhaltsam, sodass es nicht verwundert, wenn beim Surfen – so nennt man das Abrufen von Informationen aus dem WWW – die Zeit wie im Flug vergeht.

TIPP *Die Namensvergabe im Internet basiert auf einem recht ausgefeilten System. Damit sich die zu transportierenden Datenpakete nicht in die Quere kommen, hat jeder Netzknoten eine eigene Adresse. Diese Adresse basiert auf dem Rechnernamen (Domain) und einer zugeordneten Zahlenkombination, der so genannten IP-Adresse. Sie stellt die eigentliche Kennung des Rechners dar.*

Gezielt surfen mit WWW-Adressen

Um die Dienste des WWW zu nutzen, brauchen Sie zunächst einmal einen Zugang zum Internet. Wie Sie diesen Zugang am günstigsten bekommen, was Sie dafür brauchen und an welche Institutionen Sie sich ggf. wenden können, wird ab Seite 34 in diesem Buch (»Dienste und Provider: Der richtige Onlinezugang«) ausführlich erklärt. Ferner benötigen Sie die passende Software, einen so genannten Browser (z. B. Microsoft Internet Explorer oder Netscape Navigator). Steht die Verbindung zum Netz und ist der Browser korrekt installiert, können Sie eine WWW-Adresse eingeben. Gehen Sie mit der Maus in die Adressenleiste des Browsers. Dort finden Sie bereits die Buchstaben »http://« vor. Sie schreiben die von Ihnen gewünschte Adresse, z. B. »www.bundesregierung.de«, nun einfach hinter diese Abkürzung und drücken die Enter-Taste. Die gewünschte Web-Site erscheint dann auf Ihrem Bildschirm.

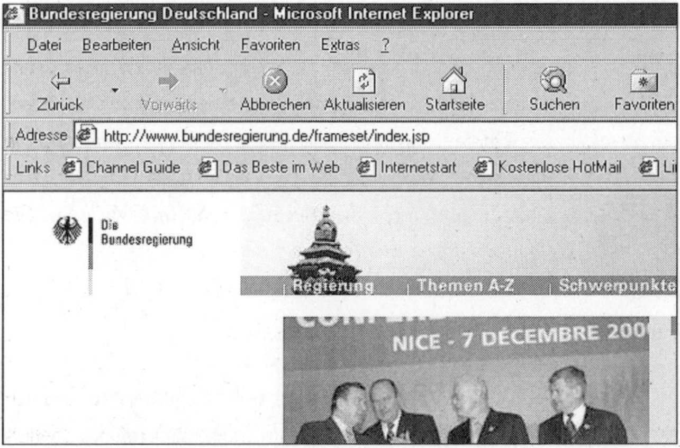

Ein Beispiel für einen gelungenen Internetauftritt: Die Bundesregierung im WWW.

Surfen mithilfe von Hyperlinks

Bleiben wir bei unserem Beispiel, der Web-Site der Bundesregierung. Wenn Sie mit der Maus über den Bildschirm fahren, werden Sie feststellen, dass der Mauszeiger seine Form ändert, je nachdem, wo Sie sich auf der Seite befinden. Wenn Sie die Standardeinstellungen Ihres Computers nicht verändert haben, hat der Mauszeiger auf dem Bildschirm normalerweise die Form eines Pfeils . Befinden Sie sich aber über einem Hyperlink (oft auch einfach »Link« genannt), bekommt er die Form einer Hand mit ausgestrecktem Zeigefinger. Das ist das Zeichen, dass Sie von hier aus auch auf andere Internetseiten weitersurfen können.

Hyperlinks sind Schaltflächen, die Sie, wenn Sie sie mit der Maus anklicken, zu einem anderen Inhalt weiterführen. Dieser Inhalt kann sich auf derselben Seite, innerhalb des gleichen Internetauftritts oder irgendwo anders befinden. Stellt man sich das Internet als Datenautobahn vor, so kann man Hyperlinks mit Abzweigungen vergleichen. Ob Sie dann auf einem anderen Highway, einer Seitenstraße oder in einer Sackgasse landen, können Sie nicht unbedingt im Voraus erkennen.

Drücken Sie nun auf die linke Maustaste, so folgt der Browser dem entsprechenden Link und zeigt die angeforderte Seite an. Betätigen Sie die rechte Maustaste, dann öffnet sich ein so genanntes Kontextmenü mit verschiedenen Eintragungen.

Schneller Navigieren *Im Kontextmenü eines Hyperlinks gibt es den Verweis »In neuem Fenster öffnen«. Wenn Sie ihn anklicken, wird für den Hyperlink ein neues Browser-Fenster geöffnet, und das bereits geöffnete bleibt erhalten. Auf diese Art können Sie z. B. in dem einen Fenster einen Zeitungsartikel lesen, während in einem anderen Fenster bereits die nächsten Informationen geladen werden. So können Sie die Wartezeit nutzen und schneller navigieren. Zum Wechseln zwischen den geöffneten Browserfenstern verwenden Sie die Tabulatortaste und gleichzeitig die Taste »Alt«.*

Sie haben nun bereits die zwei grundlegenden Möglichkeiten kennen gelernt, wie Sie im WWW surfen: entweder über die Eingabe der WWW-Adresse (URL) oder mithilfe von Hyperlinks. Wenn Sie eine bestimmte Information suchen, aber nicht die genaue URL kennen, helfen so genannte Suchmaschinen und Internetverzeichnisse weiter (→ Seite 96–109).

Schnelle Datenübertragung mit FTP

Wenn es bei der Nutzung des Internets um die Speicherung und Übertragung von Dateien von einem Computer auf einen anderen geht, kommt ein anderer Dienst ins Spiel: das so genannte File Transfer Protocol, kurz FTP. Hier speichern und verwalten so genannte FTP-Server, die Daten, und zwar ohne multimediale Elemente wie Bilder, Töne oder Grafiken. Dadurch wird die Datenübertragung mit FTP sehr schnell. Wenn Sie Dateien auf einem FTP-Server speichern oder von dort abrufen wollen, müssen Sie meist über eine Zugangsberechtigung in Form von Benutzername und Passwort verfügen. Ähnlich einer WWW-Adresse besteht auch die Bezeichnung eines FTP-Servers aus mehreren Teilen.

Ein schneller Weg für das Versenden von reinen Textdateien oder Programmen ist das File Transfer Protocol (FTP).

Unser Beispiel zeigt die Adresse, unter der Sie Zugang zum FTP-Server von Microsoft erhalten. Das kann z. B. für den Download, also das Herunterladen von neuen Programmversionen wichtig sein. Ein häufiger Fall: Sie kaufen einen neuen Drucker und laden den passenden Druckertreiber herunter.

Briefe schreiben mit E-Mail

Die elektronische Post, E-Mail genannt, ist ein wichtiger und beliebter Dienst im Internet. Diese form- und zwanglose Art und Weise des Informationsaustauschs ist aus der privaten wie geschäftlichen Kommunikation heute schon nicht mehr wegzudenken. Der große Vorteil einer E-Mail: Sie können nicht nur schnell und unkompliziert Texte austauschen, sondern auch jede Art von Datei an Ihre Mail mit anhängen und verschicken. Dies können z. B. eingescannte Fotos oder digitale Tondokumente sein, die auf Ihrem Computer vorliegen.

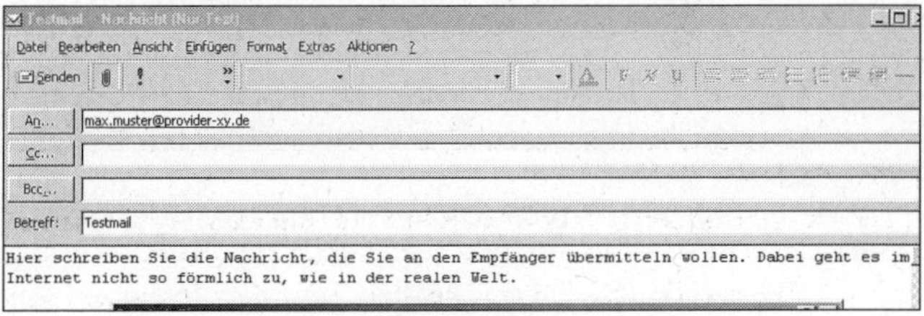

E-Mail erfüllt alle Erwartungen an moderne Kommunikation: So schnell wie hier sind Sie sonst nur per Telefon.

Ein weiterer Vorteil: Sie können ein und dieselbe Mail per Mausklick gleichzeitig an verschiedene Empfänger verschicken.

MULTIMEDIALE KARTEN VERSCHICKEN

Im Internet durchaus keine Zukunftsvision mehr: Sie können in Ihren Glückwunschkarten, Weihnachtsgrüßen oder z. B. einer Geburtsanzeige Text, Foto und Musik verbinden. Diese Grüße können Sie dann gleichzeitig an alle Verwandten und Freunde schicken. Gute Dienste leistet dabei eine Digitalkamera – sie erspart das Einscannen von Fotos.

Was Sie benötigen

Um elektronische Post verschicken und empfangen zu können, brauchen Sie einen Zugang zum Internet und einen so genannten Mail-Client, z. B. Outlook Express. Damit können Sie Botschaften verfassen, versenden, weiterleiten und empfangen. Solche Mail-Clients sind in den Software-Paketen von Netscape und Microsoft enthalten und werden meist automatisch installiert.

Schließlich benötigen Sie ein persönliches Postfach. Sie können es bei Ihrem Internet-Provider einrichten. Oder Sie melden sich bei einem FreE-Mailer an, also einem kostenlosen E-Mail-Dienst. Nachdem Sie sich dann ins Internet eingewählt haben, können Sie mithilfe Ihres Mail-Clients die eingegangenen Nachrichten vom Mail-Server herunterladen bzw. Ihre eigenen Nachrichten verschicken. Der Server leitet sie an den entsprechenden Empfänger weiter.

Elektronische »schwarze Bretter«: Newsgroups

Eine wichtige Möglichkeit zum Austausch von Informationen sind Newsgroups. Sie können Sie am ehesten mit einem schwarzen Brett vergleichen, sozusagen einer virtuellen Pinnwand im Internet. Hier tauschen sich die Teilnehmer aus und diskutieren über die unterschiedlichsten Themen. Die Kommunikation verläuft zeitversetzt: Wer eine Frage platziert, muss eine Weile warten, bevor die Antworten per E-Mail bei ihm eintreffen.

Die Namen von Newsgroups richtig deuten

Newsgroups sind thematisch sortiert und gegliedert. Alle Gruppen verfügen über detaillierte und aussagekräftige, mehrteilige Namen. Die Ausdrücke sind in der Regel sinntragend und beschreiben von links nach rechts eine Hierarchie. Ein Beispiel: In der Newsgroup »de.alt.fan.haraldschmidt« treffen sich die Fans von Harald Schmidt und diskutieren ihre Belange. Zusätzliche Länderkürzel – in unserem Beispiel taucht das »de« für Deutschland auf – weisen darauf hin, dass es sich um ein nationales Forum handelt. Internationale Foren sind meist englischsprachig.

Unter diesen Abkürzungen werden Sie fündig:

- *»comp«, wenn Sie sich über Computer austauschen möchten*
- *»soc«, wenn es um Politik und Kultur gehen soll*
- *»sci« in allen Belangen der Wissenschaft*
- *»rec«, wenn Freizeit das Thema ist*
- *»talk« steht für Klatsch und Tratsch*
- *»alt« kennzeichnet die Kategorie, in der alles geht*

Wenn Sie eigene Beiträge in einer Newsgroup erstellen möchten, sollten Sie die »Netiquette« beherrschen: Das sind Kommunikationsregeln und Konventionen, die das gute Miteinander gewährleisten sollen. Wenn Sie diese Regeln grob verletzen, kann dies zu Zurechtweisungen von Seiten der anderen Nutzer (so genannten »Flames«) führen. Sie finden die »Spielregeln« meist auf der Startseite der Newsgroups.

Mailinglisten

Mailinglisten sind, ähnlich wie Newsgroups, thematisch sortiert. Allerdings verläuft die Kommunikation nur in eine Richtung: Jemand verfasst eine Nachricht und verschickt diese – mehr oder weniger regelmäßig – an die eingetragenen Abonnenten. Interessant sind solche Mailinglisten, wenn Sie sich z. B. über technische Neuentwicklungen auf dem Laufenden halten wollen. Aber auch ein Abonnement der wichtigsten politischen Neuigkeiten, des Theater-Spielplans oder der Wirtschaftsnews kann sich durchaus rentieren.

Plauderstündchen im Chatroom

Kommunikation spielt sich im Internet nicht nur in Newsgroups und per E-Mail ab, sondern auch im so genannten Chatroom. Der Begriff ist abgeleitet von dem englischen Wort für plaudern (»to chat«). Der Chat erfolgt in Echtzeit, d. h, Sie tauschen sich mit anderen Menschen aus, die ebenfalls gerade online sind. Ein Chatroom ist

also eine Art virtueller Raum, wo man sich zum Austausch von Meinungen und Ansichten mit anderen trifft.
Ein besonderes Merkmal des Chats sind die vielfältigen Möglichkeiten der Gesprächsgruppenbildung. So kann jeder Nutzer einen Gesprächskanal eröffnen. Über eine Liste der verfügbaren Kanäle können andere Teilnehmer von dem neu eröffneten Kanal erfahren und sich daran beteiligen. Der Gründer eines Kanals, der so genannte Channel Operator, verfügt zudem über Möglichkeiten, die Gruppenbildung zu beeinflussen. So kann er durchaus bestimmten Teilnehmern den Zugang verwehren.
Ähnlich wie in Newsgroups gilt es auch beim Chat, bestimmte Regeln zu beachten. Dies erfahren Sie spätestens

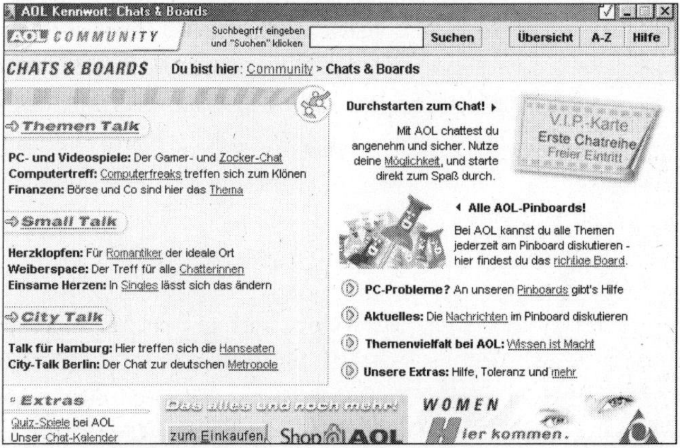

Chatrooms sind ein beliebtes Medium der Kommunikation im Internet.

dann, wenn Sie sich zum ersten Mal an einem derartigen Chat beteiligen wollen. In den Chatrooms hat sich im Lauf der Zeit eine eigene Sprache etabliert, und wer hier die wichtigsten Ausdrücke nicht kennt, wird Schwierigkeiten haben, dem Gespräch zu folgen.

Die wichtigsten Abkürzungen:

- bot = back on topic: fordert die Teilnehmer auf, sich wieder auf das eigentliche Thema des Chats zu besinnen
- irl = in real life: bedeutet nichts anderes als »im echten Leben«
- tia = thanks in advance: Danke im Voraus
- lol = laughing out loud: lautes Lachen

TIPP Um die fehlenden Möglichkeiten der Körpersprache und Mimik auszugleichen, gibt es die Smileys oder Emoticons. Das sind Symbole wie z. B. die Kombination :-). Sie bedeutet: Ich bin fröhlich, habe gute Laune, meine Aussage ist freundlich gemeint. :-(dagegen steht für Missbilligung oder traurige Stimmung. Inzwischen haben kreative Chat-Teilnehmer eine große Zahl von Smileys erfunden. Sie werden auf verschiedenen Homepages erläutert.

Wie wird die Zukunft aussehen?

Es ist unmöglich, an dieser Stelle verbindliche Voraussagen für die Zukunft des Internets zu treffen. Dennoch gibt es einige richtungsweisende Trends, die hier kurz dargestellt werden sollen.

Das Internet wird kommerzieller

Es ist klar: Im Internet werden Geschäfte gemacht, und das mittlerweile im großen Stil. Und je mehr Menschen das Internet nutzen, desto interessanter wird es für Firmen, hier nicht nur präsent zu sein, sondern auch Waren anzubieten. E-Commerce hat eine sichere Zukunft, wenn auch weniger im Kontakt mit den Endkunden (Business-to-consumer, B2C) als vielmehr zwischen den Unternehmen (Business-to-Business, B2B).

Mehr Geschwindigkeit mit DSL

Das A und O beim Internetanschluss ist die Frage, mit welcher Geschwindigkeit die Daten geliefert werden. In der Anfangszeit der Datenfernübertragung reichte ein relativ einfaches Modem aus, um mit angemessener Geschwindigkeit Daten austauschen zu können. Heute ist die Datenautobahn dagegen regelrecht verstopft.
ISDN ist zurzeit die vernünftige und schnellere Alternative. Und wenn es wirklich schnell gehen muss, kann man bei ISDN sogar die beiden Nutzerkanäle bündeln und auf diese Weise die Geschwindigkeit verdoppeln.
Doch auch hier kündigt sich eine Änderung an. Die DSL-Technologie ist sicherlich die Datenübertragung im Festnetz der Zukunft, denn DSL beschleunigt die Datenübertragung wie ein Turbolader das Auto: Um eine 2 MB große Datei aus dem Internet herunterzuladen, benötigt ein

Modem mit 28.800 Bit pro Sekunde (28,8 Kbit/s) rund 12 Minuten. ISDN braucht dazu bei einer Übertragungsgeschwindigkeit von 64 Kbit/s noch 4,4 Minuten. Mit der Bündelung der beiden ISDN-Kanäle halbiert sich diese Zeit; die Übertragung kostet allerdings genauso viel, weil beide Kanäle getrennt abgerechnet werden. T-DSL, die DSL-Variante der Deutschen Telekom, benötigt bei 768 Kbit/s Übertragungsgeschwindigkeit gerade einmal 22 Sekunden für dieselbe, 2 MB große Datei!

Mit solchen Geschwindigkeiten lassen sich dann auch Musik in CD-Qualität oder Filmsequenzen herunterladen. Selbst grafisch aufwändige 3-D-Onlinespiele oder sehr große Dateien stellen kein Problem mehr dar.

DSL nutzt für die Datenübertragung das normale Kupfertelefonkabel, so wie Ihr bisheriger Telefon- oder ISDN-Anschluss auch. Das bedeutet, Sie können grundsätzlich Ihre vorhandenen Geräte – Telefone, Anrufbeantworter und Faxgeräte – auch dann noch weiterverwenden, wenn Sie mit DSL online gehen.

Damit das Ganze funktioniert, brauchen Sie ein DSL-Modem. Vor allem aber muss Ihr Ortsnetz bereits in der DSL-Funktion unterstützt werden. Ende 2001 sollen etwa 88 Prozent aller Telekom-Kunden die Möglichkeit haben, diese Technik zu nutzen.

TIPP *Ob Ihr Ortsnetz derzeit bereits mit DSL versorgt wird, können Sie im Internet unter der Adresse »www.telekom.de/t-dsl« oder unter der kostenlosen Rufnummer 0800 330 90 09 erfahren.*

Das Internet wird mobil

Die Experten sind sich einig, dass in absehbarer Zeit ein mobiler Internetzugang über das Handy Standard sein wird. Mit den neuen Übertragungstechnologien im Mobilfunknetz ist es bereits jetzt möglich, Daten vom Handy aus zu übertragen – ein entsprechendes Endgerät vorausgesetzt. Doch die Geschwindigkeit ist noch nicht ausreichend, und die Kosten sind insgesamt viel zu hoch. Die wirkliche Revolution steht also noch aus.

UMTS heißt die Technologie, mit der das Mobiltelefon optimale Geschwindigkeiten bei der Datenübertragung erreichen soll: Von bis zu 2 Mbits/s ist die Rede. Das ist immerhin rund 30-mal so schnell wie ein ISDN-Festnetzanschluss.

TIPP *Ende 2000 gab es allein in Deutschland rund 40 Millionen Mobiltelefone. Damit hat das Handy schon heute eine deutlich größere Marktdurchdringung als der Computer. Angesichts dieser Größenordnungen wird klar, warum bei der Versteigerung der UMTS-Lizenzen immerhin fast 100 Milliarden Mark bezahlt wurden.*

UMTS ist eine viel versprechende Technologie, auch wenn Sie zur Nutzung selbstverständlich wieder neue Endgeräte benötigen. Diese »Multimedia-Handys der dritten Generation« werden nicht mehr viel mit unseren heutigen Handys gemein haben. Kleine Farbbildschirme, integrierte Videokameras und eingebaute digitale Fotoapparate sind nur einige der Raffinessen, welche die neuen Handys auszeichnen werden. Schon heute stehen erstaunliche Möglichkeiten offen (→ Seite 48–53).

Das Netz wird zum weltweiten Massenmedium

Weltweit haben geschätzte 200 Millionen Menschen Zugang zum Internet, und die Zahl wächst stetig an. In Deutschland sind rund 18 Millionen Menschen im Alter von 14 bis 69 Jahren online, und die Steigerungsraten sind hier besonders hoch. Für die Weiterentwicklung des Mediums ist es wichtig, möglichst viel über die unterschiedlichen Personenkreise unter den Nutzern in Erfahrung zu bringen. Wer ist wie häufig im Internet, und welche Dienstleistungen werden von den unterschiedlichen Altersgruppen in Anspruch genommen? Ist der umfassende Online-Einkauf noch weit entfernte Zukunftsmusik? Welche Angebote aus dem Online-Shopping werden am meisten genutzt? Eine Studie zur Internet-Nutzung in Deutschland, die Ende August 2000 von der Gruner und Jahr Electronic Media Service GmbH veröffentlicht wurde, ergab interessante Fakten:

- In der deutschen Bevölkerung haben 34 Prozent in irgendeiner Form, entweder am Arbeitsplatz, zu Hause oder bei Freunden, einen Zugang zum Internet und nutzen diesen zumindest gelegentlich.
- Der Anteil der Frauen, die im Netz aktiv sind, hat sich bei etwas über 40 Prozent eingependelt. Er ist allerdings

immer noch geringer als der Frauenanteil in der Gesamtbevölkerung.

- Jüngere, besser verdienende Personen sind bei den Nutzern des Internets immer noch überrepräsentiert. Der Anteil der Internet-Nutzer mit einer höheren Schulbildung ist besonders hoch.
- Der Anteil der älteren Internet-Nutzer steigt nach anfänglicher Zurückhaltung nun stetig an.
- Fast die Hälfte aller Nutzer ist mindestens einmal pro Tag online.
- Die Hälfte aller Internet-Nutzer hat in den letzten 12 Monaten Bücher, Zeitschriften oder andere Materialien mit Informationen über das Netz gekauft.

Diese Angaben veranschaulichen die Bedeutung, die das Internet schon heute in den unterschiedlichen Bevölkerungsgruppen hat – und der Aufwärtstrend ist bisher (noch) ungebrochen.

INTERNET IN DER KÜCHE *Der Kühlschrank, der selbstständig Bestellungen aufgibt … »Screenfridge« heißt ein von dänischen Firmen entwickelter Kühlschrank mit Internetzugang, der in Dänemark im Rahmen eines Feldversuchs erprobt wurde. Die Grundüberlegung: Man wollte das Internet dort verfügbar machen, wo sich auch ein Großteil des Familienlebens abspielt, und hier bot sich die Küche an. Das Gerät eignet sich unter anderem, um Bestellungen aufzugeben, Rezepte abzurufen oder Nachrichten zu hinterlassen. Vielleicht ist das schon bald der Normalfall?*

Was Sie brauchen, um ins Netz zu kommen

Der Internetzugang per Handy oder Fernseher ist heute noch Zukunftsmusik. Wenn Sie derzeit online gehen wollen, sind Sie immer noch auf einen Computer mit den dazugehörigen Geräten (Hardware) angewiesen, und Sie brauchen die entsprechenden Programme (Software).

Die richtige Hardware

Unter Hardware versteht man den Computer, Monitor, Drucker, Scanner etc., also alle Geräte. Für den Internetzugang benötigen Sie einen kompletten Rechner sowie ein Modem oder einen ISDN-Zugang.

Der Computer

Zu Beginn eine gute Nachricht: Für die Nutzung des Internets muss es nicht unbedingt das allerneueste Computermodell sein. Das Nadelöhr ist nicht so sehr der Rechner und seine Leistung, sondern vielmehr die Datenübertragung zum Rechner. Sie verläuft in aller Regel über das Telefonnetz mittels eines analogen Modems oder eines ISDN-Adapters. Ganz konkret bedeutet dies: Ein Computer der ersten Pentiumklasse mit mindestens

64 MB Arbeitsspeicher, einem CD-ROM-Laufwerk und einer ausreichend großen Festplatte ist für den Einstieg erst einmal genug.
Wenn Sie ein neues, internettaugliches Gerät kaufen, müssen Sie mit einer Investition von rund DM 2.000,– rechnen. Betrachtet man die Testergebnisse in den Computerzeitschriften, spricht auch nichts gegen einen PC aus einem Lebensmittel-Discounter. In aller Regel bieten die PCs von großen und renommierten Herstellern allerdings einen besseren Service. Das spielt dann eine Rolle, wenn das Gerät einmal defekt ist. Und natürlich muss es auch nicht unbedingt immer ein PC sein. Der iMac, ein Apple-Macintosh-Computer, bei dem der Prozessor und die anderen Computerbestandteile direkt im Bildschirmgehäuse untergebracht sind, hat nicht umsonst eine beachtenswerte Erfolgsstory.

Der Monitor

Beim Monitor sollten Sie nicht sparen. 15-Zoll-Monitore sind das Minimum, aber rechte Freude kommt damit nicht auf. 17-Zoll-Monitore sind mittlerweile eigentlich Standard geworden, und richtig komfortabel wird es dann mit 19 oder mehr Zoll. Doch nicht nur die Größe des Monitors ist entscheidend, sondern Sie sollten auch darauf achten, dass das Gerät strahlungsarm ist. Sie können sich beim Kauf eines neuen Monitors auch an den aktuellen Tests in den diversen Computerzeitschriften orientieren.

TIPP Flachbildschirme haben kaum Strahlung, sind praktisch flimmerfrei, beanspruchen deutlich weniger Platz auf dem Schreibtisch und sparen Strom. Ihr Nachteil: Diese Bildschirme haben Probleme, wenn es um die flüssige Darstellung von schnellen Bildfolgen geht. Dies fällt spätestens dann negativ auf, wenn Sie mit dem PC auch einmal ein schnelles Actionspiel spielen wollen.

Der Monitor kann natürlich nicht mehr leisten als die Grafikkarte des Rechners. Bei der Bildschirmauflösung sollte diese mindestens 1024 x 768 Pixel im True Color Modus erreichen. Dies stellt aber selbst Grafikkarten, die drei oder vier Jahre alt sind, kaum vor Probleme. Noch wichtiger ist die Bildwiederholungsrate. Liegt diese unter 75 Hertz, so flimmert das Bild für das menschliche Auge, mit der Folge, dass die Augen sehr angestrengt sind und deshalb schnell ermüden.
Zusammengefasst: Es muss nicht unbedingt ein neuer Rechner sein, aber Monitor und Grafikkarte gemeinsam sollten eine zeitgemäße Darstellung ermöglichen.

Das Modem

Die Verbindung zwischen Ihrem PC und dem Internet-Provider läuft über das Telefonkabel. Haben Sie einen ganz normalen, also analogen Telefonanschluss, so brauchen Sie für die Verbindung zusätzlich ein Modem. Das kann ein externes Gerät sein, das PC und Telefonbuchse verbindet. Alternativ können Sie auf eine interne Steckkarte

ausweichen, die in den PC eingebaut wird. Das ist etwas komplizierter, als ein externes Gerät anzuschließen. Wenn Sie einen Laptop besitzen, brauchen Sie in der Regel eine PC- oder PCMCIA-Karte. Diese ist etwa so groß wie eine Scheckkarte. Sie wird in den entsprechenden Schlitz am Laptop eingesteckt und dann mit dem Telefonanschluss verkabelt.
Das verwendete Modem sollte unbedingt die neuesten Übertragungsstandards unterstützen und damit die höchstmögliche Geschwindigkeit bei der Datenübertragung gewährleisten. Im Sommer 2000 wurde der neue internationale Modemstandard V.92 verabschiedet. Wenn Sie sich ein neues Gerät anschaffen wollen, sollten Sie darauf achten, dass dieser neue Standard bereits unterstützt wird. Arbeiten Sie mit einem langsameren Modem, so dauert der Datentransfer länger, und Sie müssen entsprechend höhere Gebühren bezahlen.

Der ISDN-Anschluss

Wenn Sie bereits einen digitalen ISDN-Telefonanschluss nutzen, brauchen Sie nur noch einen ISDN-Adapter. Auch diesen gibt es in Form eines externen Zusatzgeräts, als interne Modemkarte oder in einer PCMCIA-Version für Laptops. ISDN-Adapter können ruhig schon etwas älter sein, da bereits die erste Generation die gleiche Übertragungsgeschwindigkeit ermöglichte wie die neuen und modernen Geräte. Große Unterschiede gibt es allerdings hinsichtlich der Inbetriebnahme. Moderne Apparate sind wesentlich einfacher zu installieren.

Interessante Kombigeräte, wie z. B. ISDN-Telefone oder ISDN-Telefonanlagen, die einen integrierten ISDN-Adapter bieten, sind dann interessant, wenn Sie Ihren analogen Anschluss durch einen ISDN-Anschluss ersetzen wollen. Denn an die kombinierten ISDN-Telefonanlagen mit ISDN-Adapter können Sie nicht nur Ihren PC, sondern auch Ihre vorhandenen analogen Endgeräte – Telefon, Fax oder Anrufbeantworter – anschließen. Zudem subventioniert die Deutsche Telekom diese Geräte: Wenn Sie einen ISDN-Vertrag unterschreiben, bekommen Sie einen Nachlass auf den Kaufpreis.

So versorgt, also mit PC und Modem oder ISDN-Adapter, sind Sie technisch erst einmal komplett ausgerüstet für die Nutzung des Internets.

Internetzugänge der Zukunft

Seit einigen Jahren versucht man, den Internetzugang in den Fernseher zu integrieren. Mit einer Set-Top-Box, einem externen Gerät, das über Scart-Kabel mit dem Fernsehgerät verbunden wird, oder über eingebaute Module soll der Fernseher die Funktionen des PCs übernehmen. Das könnte eines Tages praktisch sein, scheitert bisher aber noch an der viel schlechteren Bildqualität des Fernsehers. Auch einige Dienste und Funktionen lassen sich am Fernseher nicht oder nur bedingt nutzen. So kann man

z. B. E-Mails schreiben und empfangen, aber Dateianhänge (Attachments) überfordern die Geräte in aller Regel bereits.

Das Gleiche gilt auch für den Internetzugang in einem Telefon, das mit Mini-Tastatur und Mini-Display ausgerüstet ist. Noch sind diese Geräte viel zu langsam und zu teuer, um sich für den normalen Kunden zu eignen.

Womöglich schon 2002 könnte der Internetzugang mit kabellosen Touchscreen-Computern der große Renner werden. Hier wird die Tastatur durch die Touchscreen-Oberfläche ersetzt, und die Verbindung zum Prozessor wird über Funk gehalten. Der Computer kann also ohne Aufwand hin und her getragen werden und kommt dort zum Einsatz, wo er aktuell gebraucht wird.

Die richtige Software

Sämtliche Programme, die Sie für eine Nutzung des Internets benötigen, sind bereits auf jedem aktuellen Windows PC vorhanden. Die meisten Programme von anderen Anbietern, wie z. B. Netscape, können kostenlos genutzt werden. Sie können sich für eines der beiden Internetpakete entscheiden oder auch beide Internetpakete parallel auf Ihrem Rechner installieren und nutzen.

Die Beschaffung der Software ist auch dann einfach, wenn Sie sich für einen Online-Dienst entscheiden. Egal ob T-Online, AOL oder andere, die Zugangssoftware bekommen Sie praktisch überall und auf jeder CD, die einer Computerzeitschrift beiliegt. Für darüber hinausgehende Wünsche genügt in aller Regel ein Anruf bei der Hotline des Online-Dienstes, und Sie bekommen die Software kostenlos per Post zugeschickt. Solche CDs enthalten meistens mehr als nur das Programm für die Einwahl. Häufig sind darauf auch die Anwendungen enthalten, die Sie für eine effektive Nutzung des Internets benötigen. Es empfiehlt sich also durchaus, solche CDs zu sammeln.

Was Sie sonst noch brauchen

Sie wissen nun bereits, nach welchen Maßgaben Sie Ihre Internet-Hardware, also Computer, Monitor, Modem oder ISDN-Adapter auswählen müssen. Sie wissen, was Sie beachten müssen, wenn Sie mit dem Gedanken an einen Internetanschluss per Fernseher oder Handy spielen. Und Sie wissen, dass Sie sich in den meisten Fällen keine Sorgen um geeignete Software machen müssen, weil sie in der Regel mit Ihrem Rechner mitgeliefert wird. Damit sind die Grundlagen für Ihren Interneteinstieg gesichert. Was Sie nun noch wissen müssen, bevor es so richtig losgehen kann, und wo Sie es in diesem Buch finden, zeigt die folgende Aufstellung:

➊ DFÜ-Verbindung: Die Abkürzung DFÜ steht für Datenfernübertragung. Die DFÜ-Verbindung ist ein Bestandteil von Windows. Wie Sie sie installieren und korrekt konfigurieren, lesen Sie auf den Seiten 58-66.

❷ Browser: Diese klassische Internet-Vokabel ist von dem englischen Verb »to browse« abgeleitet, das grasen, sich umsehen oder schmökern bedeutet. Mit Hilfe des Browsers können wir uns also im Internet umsehen. Der Browser kommt ins Spiel, nachdem Sie einen Online-Dienst angewählt haben. Sie haben die Wahl zwischen dem Microsoft Internet Explorer (wird mitgeliefert), dem Netscape Navigator (ebenfalls kostenlos) oder einem kommerziellen Browser, den Sie kaufen müssen, wie z. B. Opera (→ Seite 68).

❸ E-Mail-Client oder E-Mail-Verwaltungsprogramm: Die Standardprogramme Outlook Express von Microsoft (wird mitgeliefert) oder Outlook (im Officepaket enthalten) oder der Messenger von Netscape reichen für den Einstieg. Kommerzielle Programme zur E-Mail-Verwaltung bilden die dritte Alternative. Wie Sie vorgehen, um Ihren Mail-Client zu installieren, lesen Sie auf den Seiten 80–85.

❹ Ein Programm zur Verwaltung der Newsgroups: Auch hierfür können Sie wieder auf Outlook Express bzw. auf den Netscape Messenger oder ein alternatives Programm zurückgreifen. Lesen Sie als Beispiel auf den Seiten 89-90, wie Sie in Netscape Navigator einen Newsserver einrichten können.

❺ Wenn Sie eine eigene Web-Seite im Internet platzieren möchten, benötigen Sie auch dafür ein spezielles Programm: Mit Frontpage Express bzw. dem Netscape Composer stehen wieder zwei kostenlose Programme aus den Software-Paketen zur Nutzung bereit.

Dienste und Provider: Der Onlinezugang

Neben Online-Diensten wie AOL oder T-Online stehen regionale Anbieter und die beliebten Internet-by-Call-Zugänge zur Auswahl. Für Vielsurfer ist das Thema Flatrate interessant. Wer jetzt schon in Richtung Zukunft denkt, muss mehr darüber wissen, wie man mit Handy oder Laptop ins Netz gehen kann. Sie erfahren hier, was Sie in technischer Hinsicht benötigen, mit welchen Kosten Sie rechnen müssen und wo gegenwärtig noch die größten technischen Probleme auftreten. Zugleich werfen wir einen Blick nach vorn, denn mit den schnelleren Datenübertragungstechnologien in den Mobilfunknetzen ist schon jetzt der Weg in Richtung UMTS vorgezeichnet.

Am Ende dieses Kapitels finden Sie einen Überblick über die Web-Seiten, auf denen Sie sich über die verschiedenen Kosten informieren können, sowie eine Tabelle, auf der die Vor- und Nachteile der einzelnen Zugangsmöglichkeiten zusammengefasst sind.

Vor- und Nachteile der Online-Dienste

Bei einem Online-Dienst (Provider) wie z. B. America Online (AOL) oder T-Online werden Sie als Mitglied registriert. Sie erhalten einen Benutzernamen oder eine Benutzernummer sowie ein Passwort. Die Anmeldung ist verbindlich und gilt meist für eine Mindestlaufzeit. Neben dem Onlinezugang stellen die Provider einige Dienste zur Verfügung, z. B. E-Mail-Service oder Speicherplatz für eine eigene Homepage.

Online-Dienste haben Ihre ganz spezifischen Vorteile. Dies fängt bei der Installation an: Die Software von AOL und auch die Software von T-Online installiert sich fast ohne Zutun des Anwenders. Das Modem wird automatisch gesucht und angesteuert, und auch alle anderen nötigen Angaben werden in einer Art und Weise abgefragt, dass selbst absolute Neueinsteiger bereits nach kürzester Zeit online sein können.

Aber auch die Präsentation der eigenen Inhalte bietet Vorteile, vor allem für Neueinsteiger. Denn wer Gefahr läuft, in der Menge der Informationen die Übersicht zu verlieren, bekommt bei AOL und T-Online eine gezielte Auswahl an interessanten Angeboten zusammengestellt.

Ein weiterer Vorteil, der vor allem für T-Online gilt, ist die breite Unterstützung des Homebanking. Hier war T-Online so früh und kundenorientiert zur Stelle, dass es lange keine Alternative gab. Mittlerweile hat sich die Situation verändert, und Homebanking kann auch direkt über das Internet realisiert werden.

Ein Nachteil bei den Online-Diensten waren zumindest bisher die relativ hohen monatlichen Grundgebühren. Diese Pauschale hat viele Internet-Neulinge, die den Umfang ihrer Nutzung noch gar nicht absehen konnten, verständlicherweise abgeschreckt. Allerdings hat die starke Konkurrenz durch Internet-by-Call die großen Online-Dienste in Zugzwang gebracht: Sie bieten inzwischen eine ganze Reihe von neuen Spartarifen an. Hier lohnt sich ein gründlicher Preisvergleich.

Regionale Internetzugänge

Es ist noch gar nicht so lange her, da erlebten die regionalen Internetzugänge einen regelrechten Boom. Sie waren praktisch die einzige Möglichkeit, sich zum Ortstarif der Deutschen Telekom ins Internet einzuwählen. Mittlerweile haben diese regionalen Einwahlknoten an Attraktivität verloren, denn sie können die Einwahl über die neuen, kostengünstigen Online-Rufnummern, wie Mobilcom, nicht anbieten. Stattdessen können die Kunden nur über eine ganz normale Rufnummer ins Netz gehen. Dadurch entstehen deutlich höhere Telefonkosten als bei einem preiswerten Internet-by-Call-Anbieter.

Internet-by-Call

Noch vor drei Jahren kannte kaum jemand das Call-by-Call-Verfahren beim Telefonieren. Wenn man telefonieren wollte, ging das nur über die Deutsche Telekom. Mittlerweile stehen verschiedene Möglichkeiten, wie z. B. Preselection oder Call-by-Call zur Verfügung, um die Dienste von anderen Telefongesellschaften zu nutzen. Vor allem Call-by-Call hat immens zugenommen, und es gibt kaum jemanden, der nicht zumindest ab und zu einmal die Dienste der Telekom-Konkurrenz nutzt.

Ein ganz ähnlicher Wandel vollzog sich auch bei den Anbietern von Internetzugängen. Es ist noch gar nicht so lange her, da rühmten sich Online-Dienste, dass sie deutschlandweit eine Einwahl zum Ortstarif der Telekom zur Verfügung stellen konnten. Mittlerweile sind die Preise weit unter dieses Niveau gefallen, und der Ortstarif der Telekom wird praktisch von allen relevanten Dienstleistern im Preis deutlich unterboten. Die Tabelle auf Seite 70 gibt einen Überblick über die verschiedenen Anbieter.

TIPP Wer den Tarifdschungel der verschiedenen Telefon- und Internetanbieter nicht in der Tagespresse verfolgen möchte, kann sich jederzeit auch im Internet kundig machen. Unter »www.teltarif.de« können Sie sich z. B. über aktuelle Entwicklungen erkundigen und die günstigsten Tarife abfragen.

Vorteile von Internet-by-Call

- Die reinen Internet-by-Call-Anbieter verlangen keine monatliche Grundgebühr, d. h., wenn man ihre Angebote einen Monat lang nicht nutzt, bezahlt man auch nichts.
- Hinzu kommt ein sehr einfacher Gebührenschlüssel: Sie bezahlen pro Minute, die Sie online sind – ganz ähn-

lich wie beim Telefonieren. Die günstigsten Angebote liegen derzeit (Stand: April 2001) bei 1,8 Pfennigen pro Minute – das sind rund DM 1,10 pro Stunde inklusive Telefongebühr.

- Die meisten Internet-by-Call-Anbieter müssen – da sie auf eine Anmeldung verzichten – zur Abrechnung den Inkassoservice der Deutschen Telekom in Anspruch nehmen. In diesem Fall werden dann die anfallenden Gebühren auf Ihrer Telefonrechnung separat aufgelistet und über diese von der Deutschen Telekom mit eingezogen.
- Bei den meisten Anbietern wird kein schriftlicher Vertrag abgeschlossen. Sie sind also in Ihrer Entscheidung, wen Sie wann und wie lange für die Einwahl ins Netz nutzen wollen, völlig frei und flexibel. Wenn Sie einen Dienst nicht mehr nutzen wollen, wählen Sie sich einfach nicht mehr ein – so einfach ist das.

Die Anbieter von Internet-by-Call wissen also nicht, wer ihre eigentlichen Kunden sind. Deshalb sind viele dazu übergegangen, eigene Internetportale zu erstellen, und hoffen, dass diese von ihren Kunden auch besucht werden. Es gibt auch technische Lösungen: Wer sich beispielsweise über Freenet, den Internet-by-Call-Dienst von Mobilcom, ins Internet einwählt und seinen Browser startet, wird erst einmal mit dem Webportal von Freenet verbunden, und zwar unabhängig von der Startseite. Ob dies wirklich die eleganteste Art ist, die Kunden von der Qualität des Services zu überzeugen, sei dahingestellt.

TIPP Internet-by-Call ist auch für kleinere Firmen, Selbstständige und Freiberufler, also für Personen und Unternehmen, die viel, aber nicht dauernd ins Internet möchten, eine interessante und preiswerte Alternative. Da Internet-by-Call nämlich hauptsächlich von Privatpersonen genutzt wird, die sich in aller Regel erst in den Abendstunden und am Wochenende ins Netz einwählen, haben viele Internet-by-Call-Dienste tagsüber freie Kapazitäten und erreichen eine relativ hohe Geschwindigkeit.

Weitere Vorteile durch Registrierung

Viele Anbieter haben für ihre Kunden mehrere Internet-by-Call-Angebote. Wer sich kostenlos und unverbindlich registrieren lässt, kann weitere preiswerte Angebote, z. B. von Compuserve, MSN (The Microsoft Network) oder Freenet, nutzen.

Internet-by-Call mit Pauschale

Die dritte Variante ist Internet-by-Call, verbunden mit einer Grundgebühr bzw. mit einem Mindestumsatz. Auch hierfür müssen Sie sich anmelden.

Verbrauchen Sie in einem Monat alle Stunden, die im Mindestumsatz angesetzt wurden, profitieren Sie von den relativ niedrigen Gebühren, d. h., die Minutenpreise sind dann in aller Regel geringer als beim freien Internet-by-Call. Verbrauchen Sie allerdings nicht alle Stunden, müssen Sie die Mindestgebühr trotzdem bezahlen – die Nutzungszeit wird für Sie indirekt somit teurer, und der Anbieter macht, wenn er das Nutzungsverhalten aller Kunden richtig eingeschätzt hat, unterm Strich trotz seiner sehr niedrigen Tarife einen guten Gewinn.

Die Kunst besteht also darin, bereits vorab richtig einzuschätzen, wie, wann und wie häufig man das Internet nutzen wird. Hier einige Tipps zu Internet-by-Call-Angeboten mit Pauschalgebühren:

❶ Nutzen Sie derartige gekoppelte Angebote nur dann, wenn Sie schon ziemlich genau wissen, wie viel Online-Zeit Sie pro Monat benötigen.

❷ Wenn Sie Ihren Bedarf noch nicht so gut einschätzen können, surfen Sie erst einmal über die Internet-by-Call-Tarife »zur Probe«. Nutzen Sie dabei die Internet-by-Call-Angebote verschiedener Anbieter, denn so können Sie in aller Ruhe ausprobieren und vergleichen, welcher Service am leistungsfähigsten ist.

❸ Wenn Sie dann wissen, wie lange Sie durchschnittlich pro Monat online sind, suchen Sie sich ein Pauschalangebot, bei dem Sie sicher sind, dass Sie unterm Strich sparen können.

❹ Seien Sie auch dann, wenn Sie ein derartiges Pauschalangebot nutzen, offen für neue Angebote, damit Sie wechseln können, wenn die Konkurrenz ein attraktiveres Gesamtangebot hat. Achten Sie deshalb unbedingt darauf, dass der Vertrag Sie nicht zu lange bindet, denn nur so profitieren Sie auch von zukünftigen Angeboten der Mitbewerber.

TIPP Verlassen Sie sich auf keinen Fall nur auf einen einzigen Anbieter. Richten Sie mindestens drei, besser noch fünf Zugänge über das DFÜ-Netzwerk ein. So können Sie variieren, wenn ein Anbieter Kapazitätsengpässe hat. Dies ist meist an Feiertagen oder am Wochenende der Fall, wenn besonders viele Menschen surfen möchten.

Service und Dienste bei Internet-by-Call

Bedingt durch die wachsende Konkurrenz der Internet-by-Call-Anbieter wächst auch die Zahl und Vielfalt der Zusatzangebote. Eine E-Mail-Adresse, ein vernünftiges und informatives Webportal und die Möglichkeit, eine eigene Homepage ins Netz zu stellen, gehören mittlerweile zum Standard. Einige Dienste bieten darüber hinaus mehrere E-Mail-Adressen an.

Auf diese E-Mail-Adressen können Sie allerdings getrost verzichten, zumal Sie immer wieder den Anbieter wechseln werden. Nutzen Sie stattdessen lieber einen FreE-Mail-Account, und geben Sie die entsprechende E-Mail-Adresse an Freunde und Bekannte weiter. Diese Adresse ändert sich nämlich auch dann nicht, wenn Sie einen anderen Internet-by-Call-Dienst für die Einwahl nutzen werden. Worauf Sie bei der Auswahl eines FreE-Mail-Dienstes achten sollten, erfahren Sie auf den Seiten 72–74.

Im Prinzip gilt das Gleiche auch für die Homepages, die manche Anbieter ihren Kunden ermöglichen. Wenn Ihr favorisierter Internet-by-Call-Dienst diesen Homepageservice nicht bietet, gibt es im Netz zahlreiche alternative

Dienste, wo Sie umsonst Speicherplatz für Ihre Homepage bekommen. Genauere Informationen finden Sie beispielsweise unter »www.kostenlos.de« in der Unterrubrik Internet.

Probleme entstehen bei vielen Anbietern, wenn die Kunden Newsgroups in Anspruch nehmen möchten (→ Seite 88–92). Da oftmals keine entsprechenden Newsserver zur Verfügung stehen, kann dieser Dienst in vielen Fällen nicht genutzt werden. Doch auch hier gibt es mittlerweile eine Web-basierte Abhilfe: Auf Seiten wie »www.remarq.com« haben Sie Zugriff auf unzählige Newsgroups, und zwar einfach über Ihren Browser.

Technische Voraussetzungen für Internet-by-Call

In dieser Hinsicht gibt es einiges Erfreuliche zu melden: Alle Internet-by-Call-Anbieter unterstützen die Einwahl sowohl per Modem nach dem derzeit schnellsten Modemstandard als auch per ISDN. Dennoch gibt es Unterschiede, vor allem wenn es um die Kanalbündelung bei ISDN geht. Die meisten Anbieter lassen eine Bündelung von zwei Kanälen mit jeweils 64.000 Bit/s zu, was eine maximale Übertragungsgeschwindigkeit von 128.000 Bits/s ermöglicht. Die POP (Point of Presence GmbH) bietet sogar noch mehr: Hier ist eine maximale Kanalbündelung auf bis zu ein 1 MB realisierbar, sofern die technische Voraussetzung – ein entsprechend ausgebauter ISDN-Anschluss – zur Verfügung steht.

TIPP Mittlerweile gibt es Programme, die automatisch, abhängig von der Tageszeit nach dem preiswertesten Internet-by-Call-Anbieter suchen und diesen einstellen, sodass Sie stets die günstigste Verbindung nutzen. Ein derartiges Tool steht im Internet z. B. unter »www.netlcr.de« zum Download bereit. Allerdings ist der Einsatz eines derartigen Programms nur dann sinnvoll, wenn Sie zu sehr unterschiedlichen Zeiten ins Netz gehen möchten.

Flatrates für Vielsurfer

Eine Flatrate bezeichnet ein monatliches Pauschalangebot für die Einwahl ins Internet. Konkret: Sie bezahlen den vereinbarten Betrag und können so viele Stunden pro Monat im Netz surfen, wie Sie wollen. Selbst die Telefongebühr ist bereits bezahlt.

Gerade in Zeiten der zunehmenden professionellen Nutzung des Internets ist ein solches Angebot natürlich hoch interessant. Sie können eine Standleitung aufbauen, und wann immer ein Arbeitsschritt eine kurze Recherche im Internet erfordert, eine dringende E-Mail an einen Kunden gehen soll oder auch nur eine Telefonnummer fehlt, können Sie die Möglichkeiten des WWW nutzen – ein Paradies für alle, die die Möglichkeiten des Internets bereits für sich entdeckt haben.

Wie funktioniert eine Flatrate? Bei den meisten Anbietern schließen Sie einen Vertrag ab und bekommen im Gegenzug einen Internetzugang, der über eine kostenfreie

0800-Nummer geschaltet wird. Dieser Zugang ist wiederum durch einen Benutzernamen und ein Passwort geschützt. Ansonsten handelt es sich in der Regel um eine ganz normale DFÜ-Verbindung, so wie sie bei den Internet-by-Call-Anbietern ebenfalls genutzt wird.

Bei den Online-Diensten AOL und T-Online bleibt sowohl die normale Einwahlnummer als auch Ihr Benutzername und das Passwort erhalten; lediglich die interne Verrechnung wird vom Online-Dienst entsprechend angepasst.

Neue Chancen für die Flatrate ab 2001?

Ab dem 1. Februar 2001 muss die Deutsche Telekom den Internet-Providern Verbindungsleistungen für den Zugang zum Internet zu einem zeitunabhängigen Pauschalentgelt (Flatrate) anbieten. So hat die Regulierungsbehörde entschieden.

Natürlich bleibt auch ein getaktetes Entgelt auf Minutenbasis zulässig. Allerdings muss seit dem 15. Dezember 2000 die Unterscheidung zwischen Haupt- und Nebenzeit (peak- und off-peak-Zeit) wieder aufgehoben werden. Zudem ist die Einräumung eines Mengenrabatts nicht mehr zulässig, denn bis dato kam allein die Deutsche Telekom beim konzerninternen Bezug in den Genuss der höchsten Rabattstufe.

Welche konkreten Auswirkungen hat nun diese Entscheidung der Regulierer? Zunächst einmal können wir mit noch weiter fallenden Gebühren rechnen, wobei die Schallgrenze wohl bei 1,5 Pfennigen pro Minute liegen wird. Was allerdings wegfallen wird, sind die Angebote mit unterschiedlich hohen Tarifen je nach Tageszeit.

Bis dato mussten die Anbieter das durchschnittliche Minutenaufkommen ihrer Nutzer mit der Gebühr, welche die Telekom pro Minute berechnete, multiplizieren und dann die eigenen Kosten hinzurechnen. Nun gehen sie einfach von der Flatrate aus, welche die Telekom seit Februar 2001 diesen Anbietern zur Verfügung stellen muss, addieren ihre eigenen Kosten, und schon haben sie ein Angebot für ihre Kunden. Wie lange der Kunde mit seiner Flatrate nun pro Monat tatsächlich online ist, kann dem Anbieter gleichgültig sein.

Wann sich die Flatrate für Sie lohnt

Wenn Sie sich also jetzt für eine Flatrate entscheiden, dann sollten Sie Folgendes beachten:

- Eine Flatrate rechnet sich nicht immer. Gehen wir in einem Rechenbeispiel von einem Preis von DM 80,– pro Monat aus. Rechnen wir einmal nach: Bei einem Minutenpreis von 1,9 Pfennigen, wie er derzeit von einigen Internet-by-Call-Anbietern berechnet wird, bezahlen Sie für die Stunde DM 1,14. Damit können Sie rund 70 Stunden im Monat surfen, bis Kosten in Höhe von knapp DM 80,– entstehen. Erst bei einer Nutzung von über 70 Stunden pro Monat fahren Sie mit einer Flatrate, so wie Sie derzeit von T-Online angeboten wird, besser.

- Binden Sie sich nicht zu lange. Eine Vertragsdauer von 12 Monaten bietet zu wenig Flexibilität, da Sie nicht auf preisgünstigere Angebote reagieren können.
- Prüfen Sie, bevor Sie sich vertraglich binden, welchen Service, welche Verfügbarkeit und vor allem, welche effektive Geschwindigkeit bei der Datenübertragung Ihnen der Provider bieten kann. Vor allem besonders preiswerte Anbieter wurden in der Vergangenheit praktisch von den Kunden überrannt und hatten dann nicht genügend Kapazitäten.
- Verzichten Sie auf halbherzige Flatrates, die an eine bestimmte Tageszeit gebunden sind.

TIPP *Der Telekommunikationsmarkt in Deutschland ist zurzeit extremen Schwankungen ausgeliefert. Anfang 2001 wurden z. B. günstige Flatrate-Angebote platziert — und verschwanden urplötzlich wieder vom Markt, weil die Anbieter sich verkalkuliert hatten. Die aktuelle Recherche im Internet ist die einzige Möglichkeit, zuverlässige Angebote einzuholen.*

DSL-Flatrates

Wer jetzt schon über einen DSL-Anschluss verfügt, kann sich über besonders günstige Flatrates freuen: Schon für DM 49,– pro Monat sind sind sie zu haben. Selbst wenn Sie die monatliche Grundgebühr für DSL hinzurechnen, ist das Angebot immer noch sehr preiswert.

Ein Rechenbeispiel kann auch hier Klarheit verschaffen:

Bei einem T-DSL-Anschluss mit T-ISDN xxl-Tarif für DM 59,– und der Telekom DSL-Flatrate für DM 49,– kommen Sie auf einen Gesamtbetrag von DM 108,– . Sie haben hier also einen schnellen und relativ preiswerten Zugang zum Internet.
Warum steigen dann nicht alle auf DSL um? Eine gute Frage. Viele würden gerne wechseln, da aber die DSL-Technologie noch nicht flächendeckend zur Verfügung steht, fallen bereits hier eine Vielzahl der potenziellen Kunden heraus. Selbst dort, wo DSL angeblich schon funktioniert, kommt es zudem immer wieder zu Lieferverzögerungen.
Bedenkt man weiterhin, dass natürlich auch der Internet-Provider die DSL-Technologie unterstützen muss, dann mag dies erklären, warum der Ausbau insgesamt nicht gerade zügig vonstatten geht. Doch auch hier ist mittlerweile bei der Deutschen Telekom ein grundsätzlicher Wandel zu erkennen. Wurde der DSL-Aufbau in den vergangenen Jahren eher stiefmütterlich behandelt, so versucht die Deutsche Telekom nun, das Thema für sich zu belegen, und forciert den Ausbau.

TIPP Auf der Web-Site der Telekom (www.telekom.de) oder telefonisch unter der Nummer 0800 330 90 09 erfahren Sie, ob Ihr Ortsnetz bereits DSL-tauglich ist. Nach der Anmeldung können allerdings noch lange Wartezeiten entstehen. Sie können sich also vorsorglich anmelden und hoffen, dass bis zu ihrem Anschluss die Preise erneut gesunken sind.

Internet mobil: WAP und die Einwahl per Handy

Soll man jetzt schon WAP nutzen? Oder lieber warten, bis der mobile Internetzugang per Handy und Taschencomputer billiger wird? Wer sich mit dieser Frage beschäftigt, sollte die folgenden Seiten besonders aufmerksam lesen.

Mit WAP eine Info-Auswahl aufsuchen

WAP, das Wireless Application Protocol, ist eine Möglichkeit, per Handy Zugriff auf Informationen aus dem Internet zu bekommen. WAP ist also sehr nahe am World Wide Web (WWW), verzichtet aber auf aufwändige Grafiken, Bilder und Töne und verfügt über eine andere Art der Darstellung.

Auch die Ortsabhängigkeit unterscheidet WAP von den normalen Internet-Seiten. Während im Internet die Seiten immer gleich sind, egal von welchem Ort der Erde Sie darauf zugreifen, können WAP-Dienste regionalisiert werden. Mobiltelefone werden immer einer bestimmten Funkzelle zugeordnet, nämlich der Zelle, in die sie gerade eingebucht sind. Dies ist auch der Grund, warum WAP-Anfragen im Stil von »Wo ist hier das nächste China-Restaurant?« zu durchaus brauchbaren Ergebnissen führen können.

Ein weiterer Vorteil von WAP: Die Technik kann in den verschiedensten Umgebungen eingesetzt werden. So ist WAP sogar auf der Basis von SMS möglich – wenngleich kein deutscher Netzbetreiber dies umgesetzt hat. Auch neuere Technologien, mit denen höhere Datenübertragungsraten am Handy realisierbar sind, eignen sich als Basis für WAP-Dienste.

Weiterhin erfreulich: Die Netzbetreiber verzichten bei WAP auf eine monatliche Grundgebühr und berechnen stattdessen einen Preis pro Minute für die Benutzung. Der liegt allerdings mit bis zu 39 Pfennigen relativ hoch. Dies ist wohl einer der Gründe, warum WAP in Deutschland bisher noch nicht erfolgreich ist. Ein weiterer Grund: Schlechtes Timing bei der Markteinführung, denn die Technologie war bereits verfügbar, bevor überhaupt die notwendigen Endgeräte erhältlich waren. Mittlerweile hat sich dies zwar geändert: WAP-fähige Handys sind sogar mit den Prepaidkarten unter DM 100,– zu haben. Dennoch führt WAP, nicht zuletzt aufgrund der hohen Minutenpreise, noch ein Schattendasein.

Wie es auch anders gehen kann, zeigt ein Blick nach Großbritannien. Dort bietet Genie, ein Mobilfunkanbieter, der zur British Telecom gehört, eine WAP-Flatrate an. Auch fleißige SMS-Schreiber können sich dort freuen, denn die Textbotschaften sind mit der monatlichen Grundgebühr in Höhe von £ 10 abgedeckt. Vergleichbare Angebote gibt es derzeit in Deutschland nicht, und es wird auch wohl noch eine Zeit dauern, bis die Mobilfunkanbieter hier entsprechend reagieren.

Doch wie gesagt, WAP ist nicht das Internet auf dem Handy, sondern in seiner gegenwärtigen Form nur eine Möglichkeit, bestimmte Informationen in Textform (höchstens aufgelockert durch kleine Grafiken) am Handy nutzbar zu machen.

Mit Handy plus Laptop oder Taschencomputer ins Internet

Der mobile Zugang zum kompletten Internet ist in aller Regel eine so genannte Two-Box-Solution. Sie benötigen also nicht nur ein Mobiltelefon, das sich zur Datenübertragung eignet, sondern auch ein Gerät, das die Daten verarbeitet. In der Regel dürfte dies ein PC (Laptop) oder ein leistungsfähiger Taschencomputer sein.
Wenn man es genau nimmt, benötigen Sie sogar noch ein drittes Gerät, nämlich ein Modem. Dieses ist entweder im Mobiltelefon oder im PC integriert. Derzeit werden folgende Lösungen angeboten:

- Mobiltelefone mit integriertem vollwertigem Modem: Sie müssen nur noch eine Verbindung zwischen Ihrem Laptop oder Taschencomputer und dem Mobiltelefon herstellen, um eine Verbindung zum Netz zu schaffen. Komfortabel ist es, wenn beide Geräte über eine Infrarot-Schnittstelle verfügen. Dann können Sie nämlich auf ein Kabel verzichten. Dies setzt allerdings voraus, dass beide Infrarot-Schnittstellen aufeinander ausgerichtet sind. Fehlt eine Infrarot- oder eine Bluetooth-Schnittstelle (→ Tipp) am Mobiltelefon oder am verwendeten PC, kann die Verbindung auch über ein spezielles Kabel hergestellt werden.

TIPP Die Infrarot-Übertragung wird noch von der Funktechnologie Bluetooth übertroffen. Hier kann das Handy sogar in der Jackentasche stecken bleiben, und Sie können dennoch über den Laptop eine Verbindung zum Internet aufbauen. Im Laufe des Jahres 2001 werden wir mit dieser Technologie sicher rechnen können.

- Mobiltelefone mit einem Softmodem: Hier wird die Modemfunktion in eine entsprechende Software umgesetzt. Diese Software wird auf dem Laptop installiert. Die Daten werden wiederum entweder über Infrarot oder über die serielle Schnittstelle vom PC zum Mobiltelefon übertragen. Ein Softmodem läuft bei einem leistungsfähigen Laptop in der Regel unproblematisch, überfordert allerdings die Kapazitäten von Taschencomputern. Ein Nachteil ist auch der Preis. Bis zu DM 400,– werden je nach Hersteller und Handy-Modell fällig.
- GSM-Modems in PC-Karten: Die PC-Karte, oft auch PCMCIA-Karte genannt, wird in den entsprechenden Steckplatz am PC eingeschoben. Sie eignet sich auch für den Einsatz in Taschencomputern, da sie den kompletten Datentransfer regelt und so nicht unnötig die Kapazitäten des Endgeräts belastet. Übertragen werden die Daten über eine Kabelverbindung zwischen der eingesteckten PC-Karte und dem Mobiltelefon.
- Interessant für Weltenbummler sind kombinierte PC-Karten, die nicht nur als GSM-Modem, sondern auch als analoges Modem fürs Telefonnetz, als ISDN-Adapter und als Ethernet-Netzwerkanschluss fungieren. Vorteil:

maximale Flexibilität, denn Sie haben sowohl im Büro über das Netzwerk als auch auf Reisen über das Telefon- bzw. Mobilfunknetz Zugriff auf Ihre Daten. Nachteil: der Preis von mehreren hundert Mark. Diese PC-Karten sind auch nicht für jeden Handy-Typ geeignet. Ein entsprechendes Verbindungskabel für das Handy sollte zum Lieferumfang gehören.

- Bei einer Variante dieser PC-Karten ist nicht nur ein Modem, sondern gleich eine komplette GSM-Sende- und Empfangseinheit eingebaut, zu Deutsch: Die PC-Karte ist ein vollwertiges Mobiltelefon, wenngleich Tastatur, Mikrofon, Lautsprecher und Display fehlen. Trotzdem können Sie auch mit diesem Gerät telefonieren, allerdings nur bei eingeschaltetem PC und mit einem speziellen Headset, das Mikrofon und Kopfhörer integriert. Gedacht sind diese PC-Karten vorwiegend für die Datenübertragung. Und leider sind die Geräte, z. B. das Card Phone von Nokia, nicht gerade preiswert.
- Mobile Alleskönner: Hier ist die Rede von multifunktionalen Endgeräten wie dem Nokia Communicator 9210. Dieses Gerät bietet alle Funktionen eines Mobiltelefons, und zusätzlich können Sie das Gerät auch für das Abrufen von Internet- und WAP-Inhalten benutzen. Zudem versendet und empfängt der Communicator E-Mails und Faxe und hat einen integrierten Organizer. Größter Nachteil: Mit einem Gewicht von rund 240 Gramm ist der Communicator alles andere als ein Leichtgewicht und allenfalls für die Hand- oder Aktentasche geeignet.

TIPP Auch für den mobilen Internetzugang brauchen Sie natürlich einen Provider. Sie müssen sich darauf einstellen, dass die Kosten dafür insgesamt deutlich höher sind als im Festnetz. Sehr teuer werden die Gebühren aber, wenn Sie einen Provider wählen, der unter einer Festnetznummer angewählt wird. Dann werden nämlich die normalen Minutenpreise des Mobilfunks fällig. Bevorzugen Sie also die preiswerteren Angebote der Netzbetreiber für den Mobilfunk.

Dies ist nur eine Momentaufnahme, denn wenn es nach dem Willen der Netzbetreiber geht, sollen wir bereits in wenigen Jahren alle mit dem Handy im Internet surfen. Mit UMTS steht dann eine sehr schnelle Technik zur Verfügung, d. h., es lassen sich dann mobil auch Anwendungen nutzen, die heute nicht nur einen ISDN-, sondern auch einen DSL-Anschluss ausreizen. Man darf also gespannt sein, was die Zukunft bringt.

Kostenvergleich: Die interessantesten Seiten im Internet

Angesichts der zahlreichen Internet-by-Call-Anbieter, der Online-Dienste und anderer Möglichkeiten, sich ins Netz einzuwählen, ist es oftmals gar nicht mehr so einfach, den Überblick zu behalten, wer wann und für welche Verbindung am günstigsten ist. Doch auch hier gibt es Abhilfe. Wenn Sie mit dem Handy ins Netz gehen wollen, besuchen Sie in einem ersten Schritt die Web-Seiten Ihres

Netzbetreibers oder die Überblicksseite von teltarif, also eine der folgenden Adressen:

- www.teltarif.de
- www.t-d1.de
- www.d2mannesmann.de
- www.eplus-online.de
- www.viaginterkom.de

Auf diesen Homepages erfahren Sie, welche Internetverbindungen Sie in Ihrem jeweiligen Netz zu welchen Kosten verwenden können.

Wenn es um das Thema Internet-by-Call geht, können Sie sich natürlich selber die Mühe machen und eigenständig im WWW recherchieren. Besuchen Sie die Web-Sites der wichtigsten Betreiber direkt, also z. B. Compuserve, MSN, Arcor oder Mobilcom, und halten Sie dort nach neuen und attraktiven Angeboten Ausschau.

Und schließlich bietet das große Angebot an Computerzeitschriften vielfältige Möglichkeiten, sich zu informieren. Wer nicht allzu viel Geld dafür ausgeben möchte, sollte die Regale seiner Stadtbücherei durchforsten.

TIPP Für viele Menschen, die sich nicht ständig mit dem Thema Computer beschäftigen, haben PC-Zeitschriften etwas Abschreckendes. Schon das unübersichtliche Layout mancher Blätter stellt mitunter eine Hürde dar, und die technische Fachsprache kann sehr verwirrend sein. Inhaltlich haben diese Magazine jedoch einiges zu bieten, z. B. finden Sie hier häufig Vergleichstabellen für die verschiedenen Internet-by-Call-Angebote.

Noch komfortabler, schneller und aktueller ist es, wenn Sie im Internet recherchieren. Besonders hilfreich sind in diesem Zusammenhang folgende Seiten:

- www.billiger-surfen.de: Auf dieser Web-Site finden Sie alle Informationen rund um Internet-by-Call, Flatrates und andere interessante Mittel und Möglichkeiten zur preiswerten Einwahl ins Netz.
- www.kostenlos.de/internet/: Unter diesem Stichwort bekommen Sie eine Auflistung gängiger Internet-by-Call-Zugänge mit aktuellen Tarifen.
- www.geizkragen.de: Klicken Sie das Stichwort Internetzugänge an. Mit 13 Eintragungen ist dies zwar keine große Seite, aber in Sachen Kostenersparnis ist sie in jedem Fall interessant.

TIPP Wenn Sie Ihren Browser öffnen, sehen Sie oben links das Feld »Favoriten«. Wenn Sie es anklicken, erscheinen Internetadressen, die Sie mit einem Lesezeichen oder »Bookmark« versehen oder direkt in Ihre Favoritenliste mit aufgenommen haben. Wer konsequent Kosten sparen möchte, sollte die bewährten Web-Sites unbedingt in die Liste der Favoriten aufnehmen und regelmäßig besuchen. Am besten legen Sie sich einen gesonderten Favoritenordner für diese Adressen an: Favoriten/Verwalten/Neuen Ordner erstellen/Speichern.

- www.schnaeppchenworld.de, Stichwort Internet/Zugang: Dahinter verbirgt sich eine übersichtliche Zusammenstellung von Internet-by-Call-, Flatrate- und normalen Zugangstarifen.

Onlinezugänge im Überblick

Art des Zugangs	Geeignet für	Vorteile	Nachteile
AOL	Einsteiger, Freunde des Chats	Diverse Tarife, umfassende eigene Inhalte, einfache Installation	Vertragsbindung mit monatlicher Grundgebühr, sehr lange Vertragslaufzeiten für die Flatrate
T-Online	Einsteiger, DSL-Unterstützung	Umfassendes Homebanking, eigene Inhalte, einfache Installation, schneller DSL-Zugang (nicht überall)	Vertragsbindung mit monatlicher Grundgebühr, sehr lange Laufzeiten für die Flatrate
Lokale Internetanbieter	Semiprofessionelle Anwender und Einsteiger	Je nach Anbieter z. T. hohe Verfügbarkeit	Zumeist sehr hohe Telefongebühren
Internet-by-Call	Semiprofessionelle Anwender und Einsteiger	Zahlreiche Anbieter, günstige Tarife, keine Vertragsbindung	Keine eigenen Inhalte, einige Anbieter häufig überlastet

Art des Zugangs	Geeignet für	Vorteile	Nachteile
Flatrate	Profis, häufige und intensive Nutzer des Internets	Surfen ohne Kostendruck	Häufig lange Vertragsbindung, z. T. hohe monatliche Kosten, auch wenn das Internet nicht oder nur wenig genutzt wird
Internet mobil: WAP	Handynutzer, die kurze Informationen suchen	Aktuelle und schnelle Informationen, kein zusätzliches Endgerät nötig (außer WAP-fähiges Handy)	Langsame Datenübertragung, wenige gestalterische Möglichkeiten zur Darstellung von Inhalten und geringe Eingabemöglichkeiten
Internet mobil: Einwahl per Handy	Professionelle Anwender, die den Internetzugang für die Arbeit benötigen	Internetzugriff überall im GSM-Netz	Noch langsam, spezielle Endgeräte notwendig, z. T. sehr hohe Minutenpreise, hohe Anschaffungskosten

Schritt für Schritt: Mit Internet-by-Call ohne Vertrag ins Internet

Wenn Sie erst einmal Erfahrungen sammeln und ausloten wollen, wie häufig Sie das Internet nutzen, dann sollten Sie einen Internet-by-Call-Anbieter wählen. Ohne Vertragsbindung und ohne vorherige Anmeldung können Sie hier in aller Ruhe testen, ob sich z. B. eine Flatrate für Sie lohnt. In diesem Kapitel lernen Sie,

- wie Sie in Ihrem Computer eine DFÜ-Verbindung einrichten und mit einem kostenlosen Internet-by-Call-Anbieter online gehen;
- wie Sie einen kostenlosen E-Mail-Account einrichten, also einen Zugang zu einem FreE-Mail-Dienst;
- wie Sie Newsgroups abonnieren.

So richten Sie eine DFÜ-Verbindung ein und gehen online

Damit Sie über die Internet-by-Call-Anbieter ins Netz kommen, müssen Sie Ihren PC entsprechend konfigurieren. Hier lesen Sie Schritt für Schritt, wie es geht. Bitte legen Sie die Windows 95/98-CD bereit, denn je nach aktueller Konfiguration des Systems müssen bestimmte Teile nachinstalliert werden.

❶ Richten Sie Windows ein.

❷ Installieren Sie nun das Modem bzw. die ISDN-Karte oder den ISDN-Adapter.

Nachdem der PC ordnungsgemäß eingerichtet ist, müssen nun das TCP/IP-Protokoll und das DFÜ-Netzwerk installiert werden. TCP/IP ist dafür zuständig, dass die Daten an der richtigen Adresse landen. DFÜ bedeutet Datenfernübertragung. Das DFÜ-Netzwerk stellt die Verbindung zwischen Ihrem Computer und dem Internet her.

❸ Um das Protokoll für die Internet-Verbindung einzurichten, klicken Sie auf »Start/Einstellungen«. Wählen Sie nun in der angezeigten Auswahl das »Netzwerk« aus. Sie sehen die folgende Auswahl auf ihrem Bildschirm:

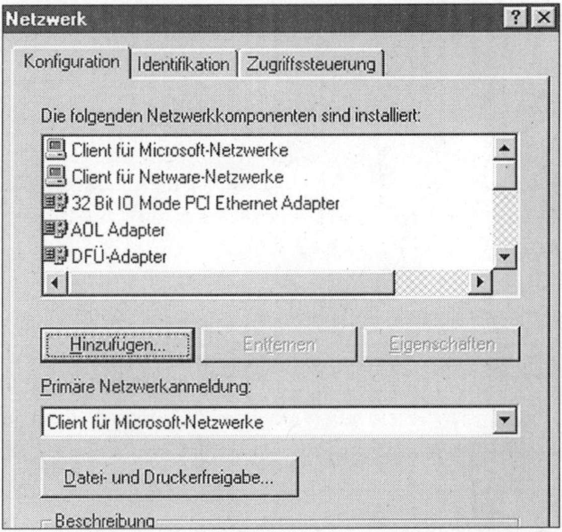

❹ Klicken Sie die Karteikarte »Konfiguration« an. Hier können Sie alle Netzwerkkomponenten sehen, die bereits eingerichtet sind. Kontrollieren Sie, ob bei den Netzwerkkomponenten das »TCP/IP-Protokoll« auftaucht. Ist dies der Fall, so können Sie das Dialogfenster schließen. Sollte dies nicht der Fall sein, klicken Sie auf das Kästchen »Hinzufügen«. In der folgenden Dialogbox (s.u.) klicken Sie die »Protokolle« an, und anschließend »Hinzufügen«.

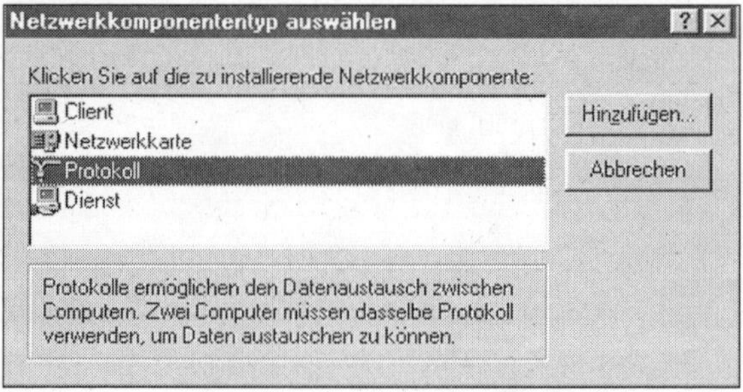

❺ Nun stellt Windows eine Liste aller zur Verfügung stehenden Netzwerkprotokolle nach Herstellern gegliedert zusammen. Wählen Sie aus der Liste den Hersteller »Microsoft« und das Protokoll »TCP/IP« aus.

TIPP Wenn Sie bei einem der Installierungsschritte einmal den Überblick verlieren sollten, greifen Sie auf die Hilfe-Funktion von Windows zurück. Sie ist gut sortiert und natürlich auch auf Probleme bei der Installierung der DFÜ-Verbindung vorbereitet.

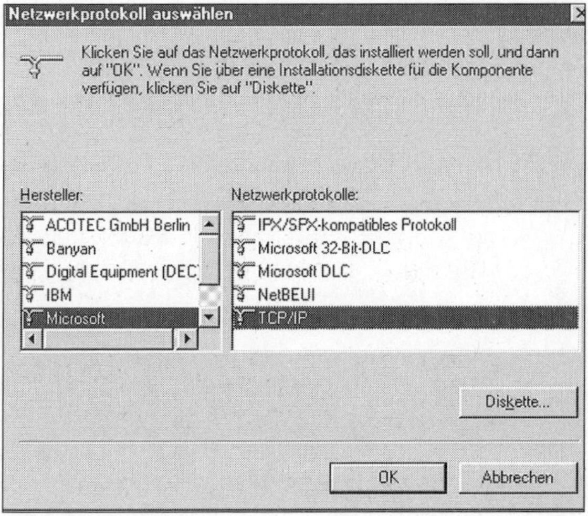

❻ Klicken Sie auf »OK«. Es kann sein, dass Sie nun, falls die Installationsdateien von Windows 95/98 nicht auf dem Rechner in einem Verzeichnis abgelegt wurden, die Windows-CD ins Laufwerk einlegen müssen.

❼ Damit die Einstellungen übernommen werden, startet der Rechner neu.

Eventuell notwendig: DFÜ-Netzwerk nachinstallieren

Kontrollieren Sie, ob Sie über »Start/Programme/Zubehör« Zugriff auf ein DFÜ-Netzwerk haben. Sollte dies nicht der Fall sein, müssen Sie dieses nachinstallieren.

❶ Öffnen Sie über »Start/Einstellungen« die Systemsteuerung. Klicken Sie nun »Software« an.

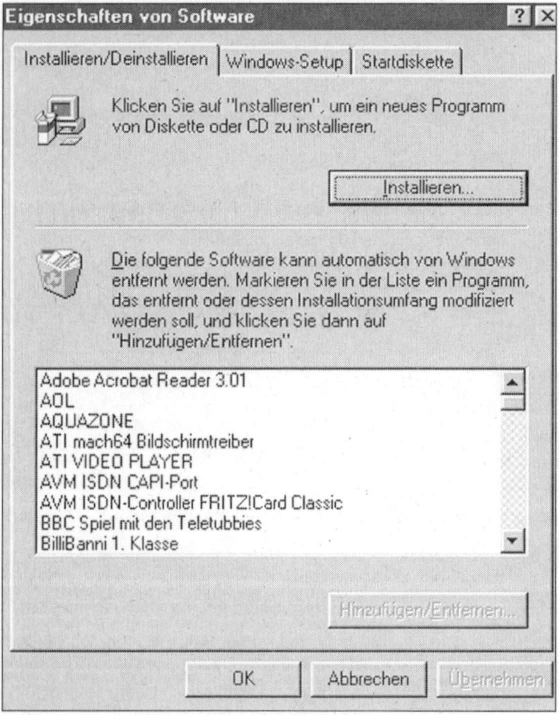

❷ Wenn die oben gezeigte Auswahl auf Ihrem Bildschirm erscheint, klicken Sie auf das Register »Windows Setup«. So gelangen Sie zu den »Verbindungen«. Öffnen Sie diese per Doppelklick.

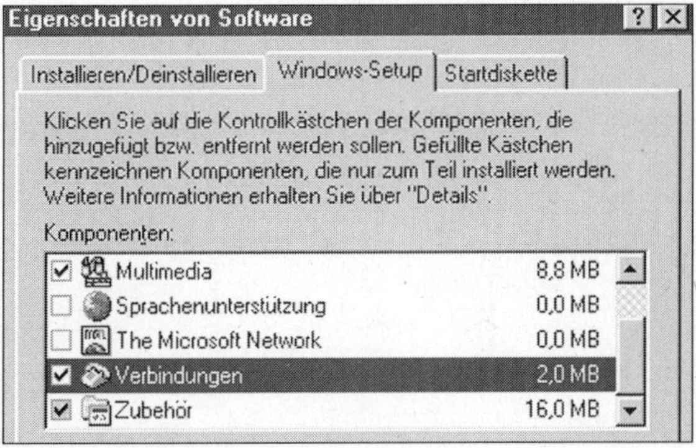

❸ Nachdem Sie die »Verbindungen« (s.o.) per Doppelklick geöffnet haben, kontrollieren Sie, ob innerhalb der angezeigten Auswahl das »DFÜ-Netzwerk« ausgewählt ist. Es muss ein Häkchen tragen, das Sie ggf. per Mausklick eintragen können.

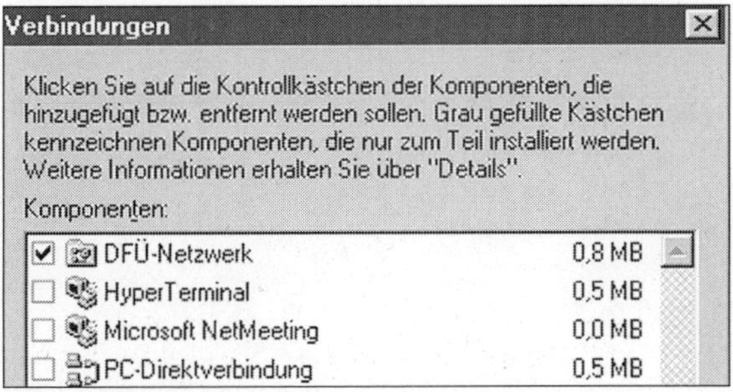

❹ Nun wird diese Windows-Komponente dem System hinzugefügt.

TIPP Sie können natürlich auch mehrere DFÜ-Verbindungen einrichten und dann von Fall zu Fall entscheiden, über wen Sie sich einwählen wollen (→ Seite 70–71). Sollten Sie einmal den Überblick über die angelegten Verbindungen verlieren, klicken Sie auf »Start/Einstellungen/Systemsteuerung/Internetoptionen«. Dort sind auf der Karteikarte »Verbindungen« alle Internetzugänge, die im System angelegt sind, übersichtlich zusammengefasst.

DFÜ-Netzwerk für den Internet-by-Call-Anbieter Ihrer Wahl einrichten

Um eine Verbindung aufbauen zu können, benötigen Sie die Zugangsnummer, den Einwahlnamen und ggf. ein Passwort (vgl. die Tabelle auf Seite 70–71).

❶ Öffnen Sie über »Start/Programme/Zubehör« die DFÜ-Netzwerke (vgl. Abbildung linke Seite unten). Achtung! Bei Windows 98 wurde die Kategorie »Zubehör« in »Kommunikation« umbenannt.
❷ Klicken Sie dort auf »Neue Verbindung erstellen«, und Windows öffnet den passenden Schritt-für-Schritt-Assistenten.
❸ Geben Sie zuerst einen aussagekräftigen Namen ein, damit Sie die Verbindung auch später wieder finden. Das kann z. B. der Name des Anbieters sein. Wollen Sie mehrere Internet-by-Call-Anbieter zeitgestaffelt nutzen, können Sie dort für Ihren Überblick auch die bevorzugte Zeitspanne eingeben. Im unteren Teil dieses Fensters haben Sie die Möglichkeit, das Modem bzw. die ISDN-Karte auszuwählen, über die diese Verbindung ausgeführt werden soll.

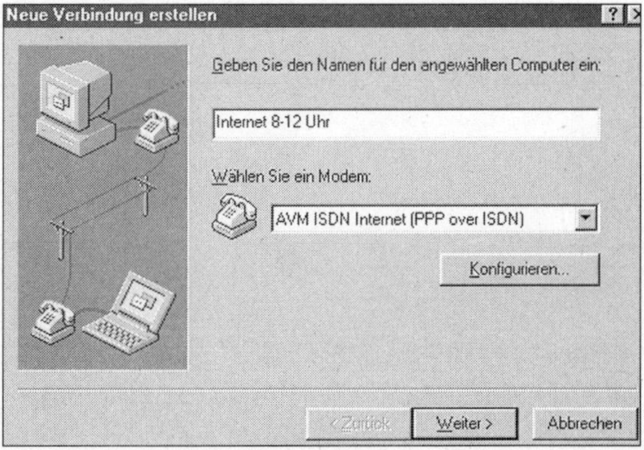

❹ Über »Weiter« gelangen Sie zum nächsten Feld. Geben Sie dort die Einwahlnummer des Anbieters ein.

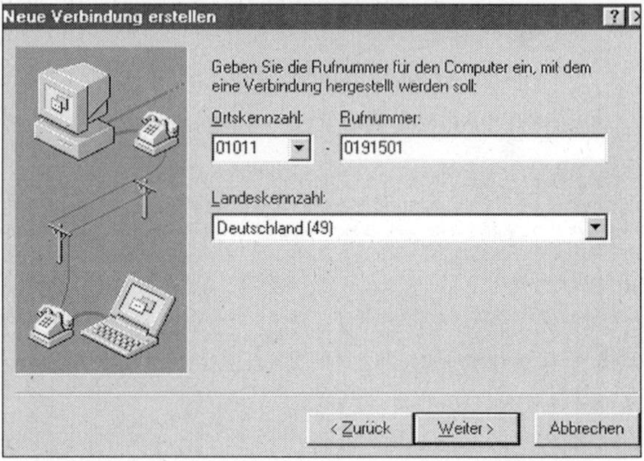

❺ Klicken Sie auf »Weiter« und dann auf »Fertig stellen«.

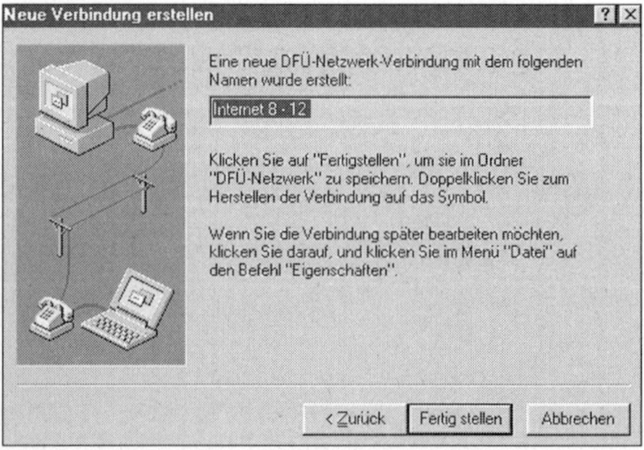

Ins Internet einwählen

Um ins Internet zu gelangen, gehen Sie wie folgt vor:

❶ Öffnen Sie über »Start/Programme/Zubehör« die DFÜ-Netzwerke und wählen dort per Doppelklick die Verbindung aus, die Sie für diese Einwahl nutzen möchten.

TIPP Legen Sie auf dem Desktop (Ihrem Bildschirm) diejenigen DFÜ-Verbindungen als Icon (Symbol) ab, die Sie häufiger verwenden. Dann müssen Sie nur noch das Symbol anklicken, um die Verbindung herzustellen. Sie können auch den kompletten Ordner der DFÜ-Verbindungen auf den Desktop legen und ersparen sich so den Umweg über das Start-Menü.

❷ Windows öffnet das passende DFÜ-Netzwerk. Nun müssen Sie nur noch das Kennwort eingeben und auf die Schaltfläche »Verbinden« klicken.

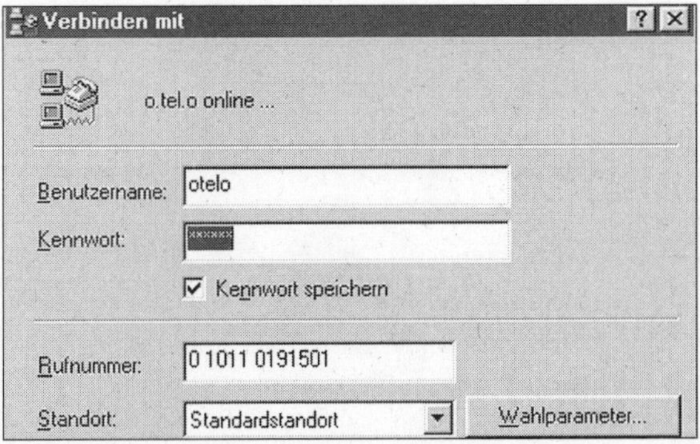

❸ Öffnen Sie jetzt Ihren Browser (oder Ihren Mail- oder FTP-Client), mit dem Sie im Internet arbeiten wollen, also z. B. Internet Explorer oder Netscape Navigator. Sobald eine korrekte Verbindung besteht, sehen Sie in der Task-Leiste unten auf Ihrem Bildschirm (meist neben der Uhrzeit) zwei kleine verbundene Computer, deren Bildschirme grün aufleuchten, wenn Daten empfangen oder versandt werden.

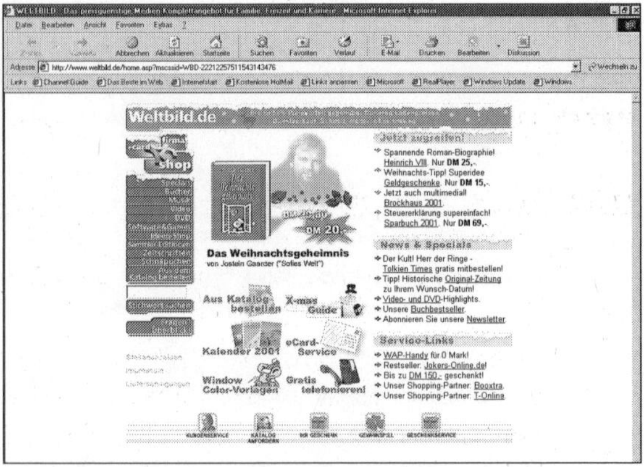

❹ Wichtig: Die Verbindung wird nicht automatisch beendet, wenn Sie Ihren Browser schließen. Sie müssen also diese Interneteinwahl von Hand wieder trennen. Klicken Sie hierzu auf das DFÜ-Symbol in der Taskleiste (die kleinen verbundenen Computer), und wählen Sie »Trennen«. Sonst bleibt Ihre Telefon- oder ISDN-Leitung weiterhin besetzt – und der Gebührenzähler läuft weiter.

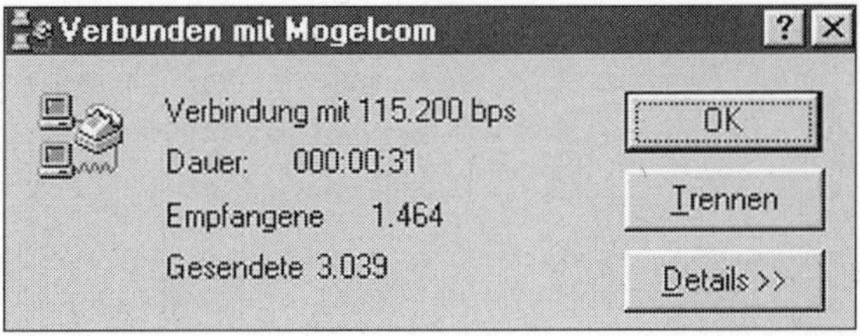

TIPP Zahlreiche Internet-by-Call-Anbieter stellen Software für die Einrichtung der Verbindungen zur Verfügung. Diese automatisiert die Eingaben. Oder Sie verwenden den Windows-Assistenten zum Einrichten der Internetverbindung.

Die Internet-by-Call-Anbieter ohne Anmeldung

Die folgende Tabelle wird Ihnen bei der Auswahl Ihres Internet-by-Call-Anbieters behilflich sein. Wir haben bewusst darauf verzichtet, einen Preisvergleich zwischen den verschiedenen Anbietern durchzuführen. Die Preise ändern sich mitunter monatlich. Deshalb die Empfehlung: Nutzen Sie die entsprechenden Internetseiten, um einen Preisvergleich anzustellen (→ Seite 53–55). Beachten Sie auch Folgendes:

- Die Tageszeit, zu der Sie surfen wollen
- Die Höhe der abgerechneten Minutenpreise
- Die Taktung bei der Nutzungszeit
- Die eventuelle Erhebung einer einmaligen Nutzungspauschale pro Einwahl

Damit haben Sie alle nötigen Informationen für den Tarifvergleich. Alle hier aufgeführten Anbieter sind bundesweit verfügbar und eignen sich sowohl für Modems als auch für einen ISDN-Anschluss.

Anbieter	Einwahlnummer	Kennung	Passwort
Absolventen.net	0192666260	Uni	Student
ACN	0192666500	Acn	Internet
Arcor	0192070	Arcor	Internet
Bautreff	0192666030	Online	Sofort
Callino	0192300	Callino	Internet
Callisia	0192666370	Benutzer	Zugang
Claranet	0193094100	Claranet	Claranet
Compuarts	0193040	online@trade	online
Corax	01928150	Frei wählbar	Frei wählbar
Drillisch	0192134	drillisch@internet	Nicht erforderlich
eXpress Net	0192666170	Frei wählbar	Frei wählbar
Freenet	01929	Frei wählbar	Frei wählbar
Gbo.net	01925855	GBO	NET
Germany Net	019122000	gast@germanynet.de	Nicht erforderlich
Globalserve	01928128	GlobalServe	fastaccess

Anbieter	Einwahlnummer	Kennung	Passwort
Handywomen	0192666480	Handy	Surfen
http.net	019282211	Frei wählbar	Frei wählbar
Lübecker Nachrichten	0192361	Ln	Online
MDS	0192666120	Mds	Online
MSN	0192658	MSN	MSN
Ndh	0193041	Ndh	Ndh
Otelo	0191504	Otelo	online
Planet Interkom	0191799	Anonymer	surfer
POP	0192343	Call	Pop
Retel online	0192666420	Retel	Online
Speed 21	0193052	Speed21	Speed21
Spray	0192182	internet@spray.net	Surfen
Supernet	0193001	SuperConnect@sc	super
Super 25	0192666460	Gkas	Gkas
T-Link	0192666210	Gast	Terra
Talkline	019251	Talknet	Talknet
Telehunter	0192666340	Telehunter	Telehunter
Uunet	0191955	Knuut	Knuut
X9media	019282200	Frei wählbar	Frei wählbar

Einen kostenlosen E-Mail-Account anlegen

Nachdem Sie nun wissen, wie Sie mit Internet-by-Call ins Netz kommen, geht es um die Einrichtung eines kostenlosen E-Mail-Accounts. Natürlich haben Sie auch hier wieder die Qual der Wahl, denn so genannte FreE-Mail-Dienste gibt es von zahlreichen Anbietern, z. B.:

- Excite-Mail: http://mail.excite.de
- FirE-Mail: www.fire-Mail.de
- GMX: www.gmx.de
- Hotmail: www.hotmail.de
- Hurra: http://mail.hurra.de/
- Iname / mail.com: www.mail.com
- Lycos-Mail: http://de.lycosmail.com
- o.tel.o Online Mail: http://mail.otelo-online.de
- Redseven Free-Mail: www.redseven.de
- Topmail: www.topmail.de
- Web.de Free-Mail: http://free-Mail.web.de
- Yahoo-Mail: http://mail.yahoo.de

Der richtige E-Mail-Anbieter für Ihre Bedürfnisse

Zur Bewertung der verschiedenen Angebote können Sie folgende Kriterien heranziehen:

- Sprache: In welcher Sprache ist das Angebot? Es gibt mittlerweile so viele deutschsprachige FreE-Mail-Dienste, dass eigentlich kein Grund mehr vorliegt, andere Angebote zu nutzen.

- Speicherplatz: E-Mails müssen auf dem Server des Anbieters zwischengespeichert werden, und hierfür benötigen diese Mails natürlich eine gewisse Menge an Speicherplatz. Wenn Sie vorhaben, viele Bilder und große Dokumente zu empfangen und zu versenden, ist die Größe des Postfachs wichtig. Zur Orientierung: Weniger als 3 MB sind nicht sinnvoll, besser sind allerdings 5 oder mehr MB.
- Speicherdauer: Achten Sie darauf, wie lange Ihre ungelesenen Nachrichten gespeichert werden. Einige Dienste löschen automatisch alle E-Mails, die älter als 30 Tage sind. Andere hingegen bewahren zwar alle E-Mails auf, verhindern aber den Empfang neuer Nachrichten, wenn der Speicher voll ist. Beide Methoden haben ihre Vor- und Nachteile.
- Mail-Adresse: Eine E-Mail-Adresse sollte möglichst eingängig und kurz sein. Achten Sie auf die Namen, die bei den FreE-Mail-Diensten zur Verfügung stehen.
- Das Versenden/Empfangen von angehängten Dateien sollte unbedingt unterstützt werden.
- Gruppenversand: Wenn Sie mehrere Freunde oder Bekannte auf einmal anschreiben wollen, hilft ein Gruppenversand weiter. Aber auch wenn Sie Ihren E-Mail-Account geschäftlich nutzen wollen, kann eine derartige Funktion sehr hilfreich sein.
- Auto-Feedback: Wenn Sie verreisen oder eine Zeit lang nicht per Mail erreichbar sind, wird jede eingehende E-Mail automatisch mit einer von Ihnen vorformulierten Nachricht beantwortet: Kein Muss, aber durchaus komfortabel.

- Filter für eingehende Mails: »Spam« nennt man die unerwünschte Werbung, die elektronische Postkästen belasten kann. Wenn Ihr FreE-Mail-Dienst über einen entsprechenden Filter verfügt, können Sie derartige Nachrichten einfach automatisch herausfiltern lassen.
- Adressbuch: Wer Briefe schreibt, braucht die Adresse des Empfängers. Dies ist im Internet nicht anders als in der realen Welt. Deshalb bieten viele Accounts bereits ein integriertes Adressbuch an. Da dieses Adressbuch auf dem Server liegt, können Sie auch aus der Ferne (einem Internet-Café o. Ä.) darauf zugreifen.
- POP-Unterstützung: FreE-Mail-Dienste arbeiten über das World Wide Web, d.h., wenn Sie Ihre E-Mails kontrollieren wollen, müssen Sie sich über den Browser beim FreE-Mail-Dienst anmelden und können dann die Mails lesen bzw. neue schreiben. Dies ist dann praktisch, wenn man sich nicht an seinem eigenen Computer befindet, weil eben jeder Internetzugang hierfür ausreicht. Damit E-Mail-Programme auf einen derartigen FreE-Mail-Dienst zugreifen können, muss der Anbieter POP unterstützen.

Beispiel: Einen E-Mail-Account bei gmx einrichten

Sie haben nun einen FreE-Mail-Dienst ausgewählt und möchten Ihr Postfach (Ihren Account) dort einrichten? Hier finden Sie beispielhaft die Einrichtung eines Postfaches bei GMX, einem der größten Anbieter, Schritt für Schritt erläutert.

TIPP Dieser hier erläuterte Anmeldevorgang gilt genauso für Online-Dienste wie AOL oder T-Online.

❶ Bauen Sie über einen Internet-by-Call-Anbieter eine Verbindung zum Internet auf.
❷ Starten Sie Ihren Browser, also entweder den Internet Explorer von Microsoft oder den Netscape Navigator.
❸ Geben Sie die URL des FreE-Mail-Dienstes ein, in unserem Fall also www.gmx.de oder www.gmx.net. Die Startseite von GMX erscheint:

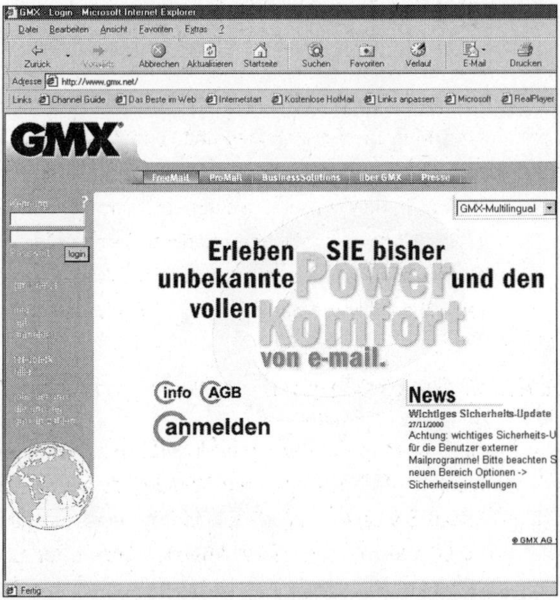

❹ Klicken Sie auf »Anmelden«, und lassen Sie sich durch das folgende Menü führen.

❺ Tragen Sie Ihren E-Mail-Namen ein. Beachten Sie, dass nicht alle Kombinationen erlaubt sind.

Ein Leerschritt zwischen Vor- und Nachnamen wird z. B. nicht toleriert. Er muss durch einen Punkt, einen Unterstrich (Tastenkombination »Shift/Umschalttaste + Bindestrich«) oder ein Komma ersetzt werden. Dagegen werden Variationen in der Groß- und Kleinschreibung – also beispielsweise MaxMustermann oder MMustermann – bei fast allen Anbietern akzeptiert.

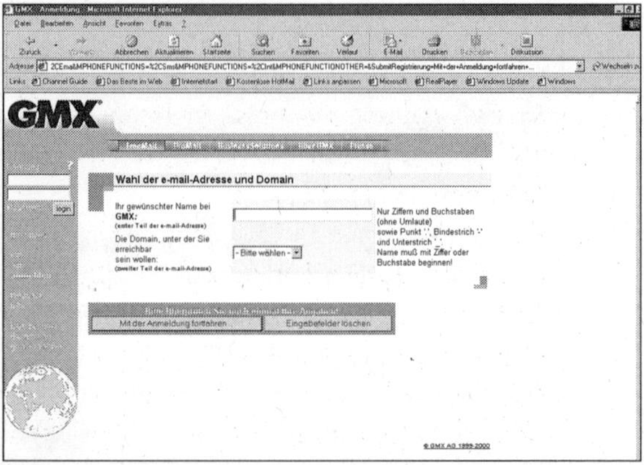

❻ Bei GMX können Sie auch den zweiten Teil der Adresse festlegen. Zur Wahl steht: @gmx.de, @gmx.at, @gmx.ch, @gmx.li und @gmx.net. Andere FreE-Mail-Dienste bieten hier sogar eine noch größere Auswahl.

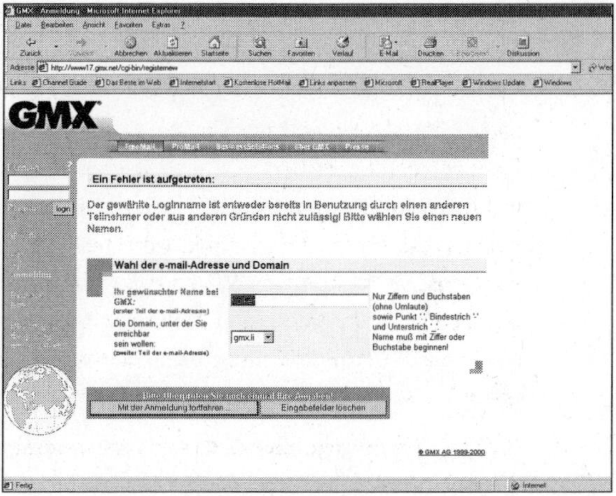

❼ Es kann passieren, dass Ihr Name bereits vergeben ist. Dann müssen Sie mit Variationen arbeiten, also z. B. Spitznamen verwenden.

❽ Hat GMX Ihren E-Mail-Namen akzeptiert, werden einige Fragen zu Ihrer Person gestellt.

❾ Fast fertig! Nun müssen Sie noch das Passwort und eine Sicherheitsfrage festlegen, die ihnen immer dann gestellt wird, wenn Ihnen das Passwort nicht mehr einfällt. Deshalb ist es wichtig, hier eine Frage zu verwenden, deren Beantwortung Ihnen auch in einiger Zeit nicht schwer fallen wird. Zudem müssen Sie noch am Ende der Seite die Nutzungsbedingungen durch einen Mausklick bestätigen, natürlich erst dann, wenn Sie sich diese durchgelesen haben.

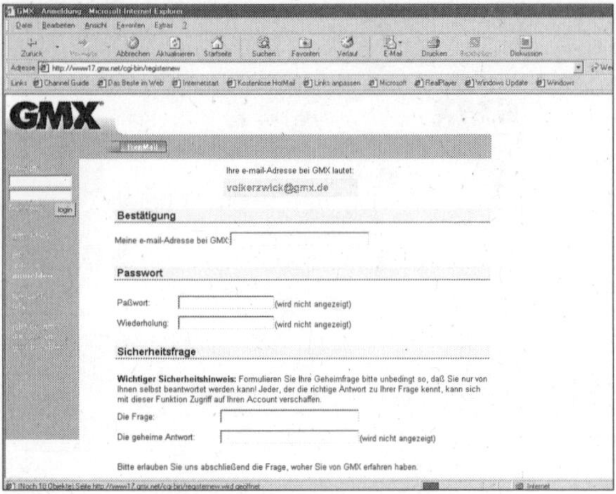

⑩ Wenn Sie wollen, können Sie sich gleich im Anschluss daran mit nur einem Klick bei einigen Kooperationspartnern von GMX registrieren lassen. Hierbei werden automatisch Daten aus Ihrem GMX-Benutzerprofil übertragen. ⑪ Am Ende der Anmeldung bekommen Sie eine Bestätigung (siehe Abb. rechts). Drucken Sie sie aus, und bewahren Sie sie auf, denn hier finden Sie Ihre E-Mail-Adresse, die Kundennummer und die Eingaben, die Sie für Ihren Mail-Client (POP und SMTP-Server) benötigen.

TIPP *Vorsicht mit persönlichen Angaben! Um unerwünschte Werbung in Ihrem Postfach und auf den von Ihnen angesteuerten Internetseiten zu vermeiden, sollten Sie sich mit Angaben über Ihre Gewohnheiten und Interessen grundsätzlich zurückhalten.*

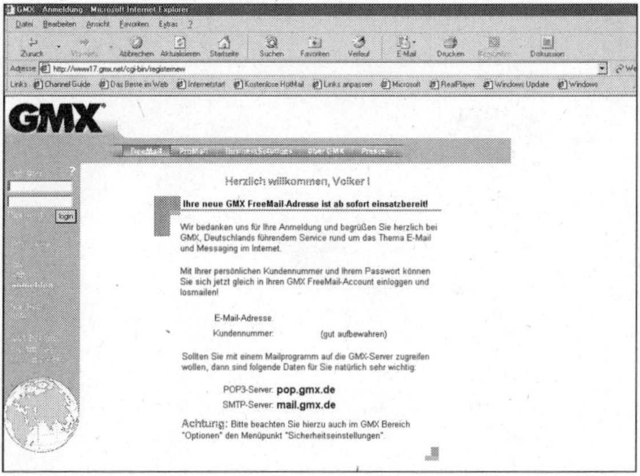

Damit wäre alles erledigt, und Sie können das Postfach nutzen, indem Sie mithilfe des Browsers die GMX-Seite ansteuern und sich dort durch Eingabe Ihrer E-Mail-Adresse und Ihres Passworts gegenüber dem System identifizieren. Vergessen Sie allerdings nicht, sich am Ende, d.h., nachdem Sie Ihre eingegangenen Mails gelesen und die neuen verschickt haben, vom System wieder abzumelden, indem Sie auf »logout« klicken.

Warum Sie mehrere E-Mail-Accounts einrichten sollten

Wenn Sie mehrere FreE-Mail-Accounts anlegen, können Sie die eingehende Post gleich in verschiedenen Postfächern organisieren. So ist es beispielsweise sinnvoll, einen Account nur für die private Kommunikation mit Freunden zu reservieren und einen anderen immer dann anzugeben, wenn Sie im Netz etwas bestellen. Sollten Sie nämlich einmal in einen Werbeverteiler (Spam) rutschen, dann können Sie diesen Account einfach wieder löschen und einen anderen nutzen.

Eine wichtige Funktion, die manche FreE-Mail-Dienste anbieten, ist in diesem Zusammenhang die »Weiterleitung an andere E-Mail-Adressen/Abfrage anderer POP-Accounts«. Sie können alle eingehenden Mails an einen einzigen Account (also ein einziges Postfach) weiterleiten lassen. Dann reicht es aus, wenn Sie das eine Postfach kontrollieren, zu dem die anderen umgeleitet sind.

Ergänzend hierzu gibt es bei einigen Accounts eine Abfrage von anderen POP-fähigen E-Mail-Accounts. Auch auf diese Art und Weise können Sie, obwohl Sie über mehrere E-Mail-Adressen verfügen, den Aufwand für die Kontrolle der eingegangenen Nachrichten klein halten.

Einen E-Mail-Account in Outlook Express einrichten

Nun haben Sie eigentlich alle Informationen, die Sie benötigen, um den GMX-Account mit einem Mail-Client abzufragen. Dies kann beispielsweise Microsoft Outlook sein, wenn Sie das Officepaket vom gleichnamigen Hersteller besitzen, oder Sie verwenden Microsoft Outlook Express oder den Netscape Messenger. Beide Programme sind kostenlos zu bekommen. Und so funktioniert es bei Outlook Express:

➊ Starten Sie Outlook Express über »Start/Programme/Outlook Express«. Sollten Sie die Software nicht finden, wählen Sie über »Start/Einstellungen/Systemsteuerung« die Software und innerhalb dieser das Register »Windows Setup«. aus. Sollte hier »Outlook Express« nicht mit einem Häkchen versehen sein (s.u.), so aktivieren Sie diesen Eintrag per Mausklick. Halten Sie hierzu Ihre Windows-Installations-CD bereit, damit die Software nachinstalliert werden kann.

➋ Nachdem Sie Outlook Express gestartet haben, klicken Sie oben in der Task-Leiste auf »Extras«, und wählen Sie den Eintrag »Konten«.

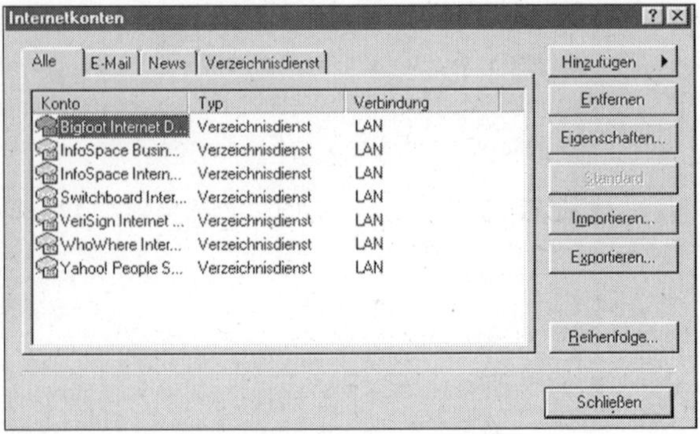

❸ Klicken Sie nun auf »Hinzufügen/E-Mail«, und der entsprechende Assistent wird gestartet.

❹ Tragen Sie den Namen ein, der in Ihren E-Mails als Absender erscheinen soll. Dies kann, muss aber nicht der von Ihnen ausgewählte E-Mail-Name sein. Klicken Sie anschließend auf »Weiter«.

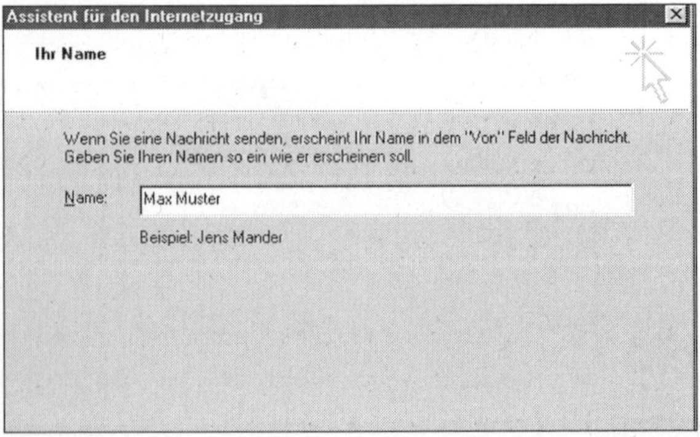

➎ Im nächsten Schritt müssen Sie Ihre E-Mail-Adresse eingeben. Sie haben sie bei GMX oder bei einem anderen FreE-Mail-Dienst freigeschaltet oder von Ihrem Provider bekommen. Bestätigen Sie diese Eingabe mit »Weiter«.

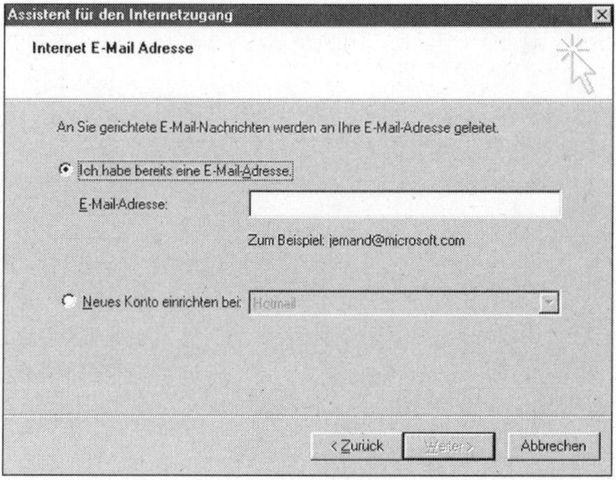

➏ Tragen Sie den Namen des E-Mail-Servers ein (→ Abb. Seite 84). Sie können beim Posteingang zwischen einem POP3-, einem Imap- und einem HTTP-Server auswählen. Bei GMX lauten die Eintragungen wie folgt:
Posteingangsserver: pop.gmx.de
Postausgang (SMTP-Server): mail.gmx.de

TIPP *Eines der wichtigsten Zeichen für den Internet-Surfer ist das @-Zeichen (gesprochen: at = bei), auch »Klammeraffe« genannt. Man schreibt es mit der Tastenkombination Strg + Alt + Q.*

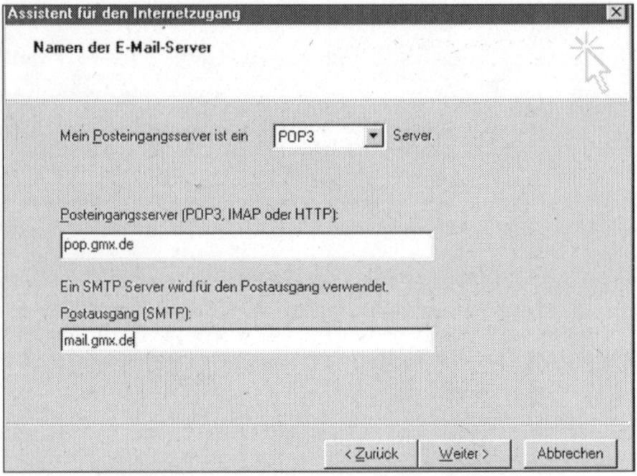

❼ Im folgenden Dialogfenster des Assistenten geben Sie den Kontonamen (das ist bei GMX Ihre E-Mail-Adresse) und das Passwort an. Beim Passwort können Sie wählen, ob Sie dies jedes Mal neu eingeben oder abspeichern wollen. Sicherer, aber auch etwas mühsamer ist es, das Passwort jedes Mal neu einzugeben.

TIPP *Warum lohnt sich die Mühe, das Passwort im Mail-Client jedes Mal neu einzutippen? Jeder, der das Internet nutzt, muss sich darüber im Klaren sein, dass sein Computer damit zu einem Teil eines offenen Systems wird. Das bringt gewisse Risiken mit sich. Wer sein Passwort im Computer hinterlegt, riskiert, dass Spezialisten sich z. B. über die E-Mail-Adresse Zugang verschaffen und womöglich Schaden anrichten können. Lesen Sie dazu auch das Kapitel »Sicherheit im Internet«,* *ab Seite 116.*

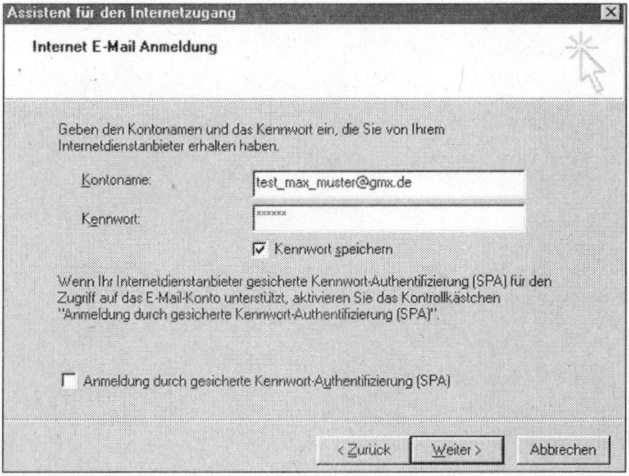

❽ Über »Fertig stellen« verlassen Sie den Assistenten.

E-Mails senden und empfangen

Outlook Express ist nun einsatzbereit. Um neue Mails abzurufen, melden Sie sich zunächst einmal im Internet an. Nachdem die Verbindung steht, starten Sie Ihren Mail-Client, also beispielsweise Outlook Express, und wählen dann im Bereich »Extras/Senden und Empfangen« die gleichnamige Option aus. Das Programm stellt nun eine Verbindung zum Server her und verschickt dann die von Ihnen verfassten E-Mails. Gleichzeitig holt es die neu eingegangenen Nachrichten für Sie ab und speichert diese lokal auf Ihrer Festplatte. Danach können Sie die Internetverbindung wieder trennen.

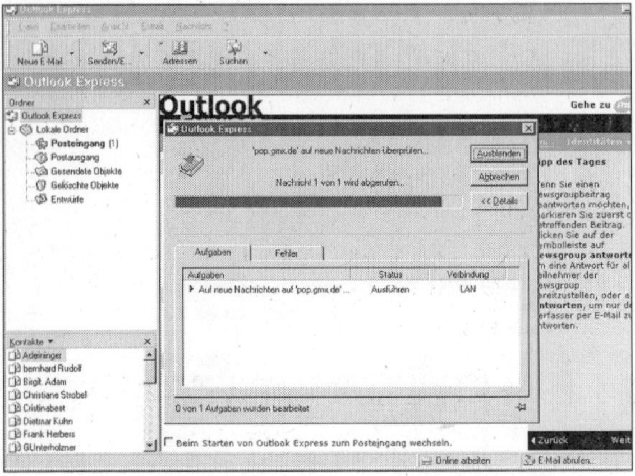

TIPP Neue Nachrichten können Sie in aller Ruhe »offline« verfassen, also ohne dass bereits eine Verbindung zum Internet besteht. Die Nachricht landet ohnehin zunächst im Postausgangskorb. Erst wenn Sie das nächste Mal online sind und auf »Senden und Empfangen« klicken, werden die Nachrichten, die sich im Postausgangskorb befinden, verschickt.

Fehlermeldungen rund um die E-Mail

Nicht immer klappt das Versenden und Empfangen von E-Mails so, wie man sich das wünschen würde. Mitunter wird man von alarmierenden oder verwirrenden Fehlermeldungen unterbrochen. Deshalb finden Sie hier Erläuterungen und Hilfestellungen für einige der häufiger vorkommenden Fehlermeldungen:

Please login with customer number

Hier müssen Sie zum Anmelden beim Server Ihre Kundennummer verwenden. Sie finden sie in den Unterlagen Ihrer Anmeldung. Dann ändern Sie diese Option in Ihrem Mail-Programm. Wählen Sie hierzu das entsprechende Konto (in der Abb. pop.gmx.de) über »Extras/Konten« aus und klicken dieses doppelt an. Nun sehen Sie alle Einstellungen dieses Kontos, und Sie können es individuell anpassen.

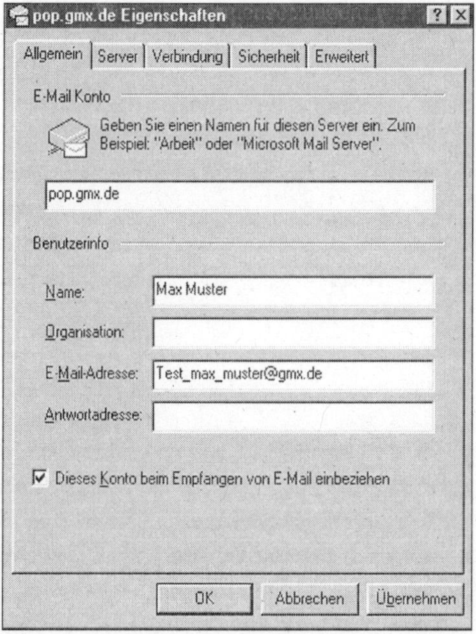

No connection to GMX POP3 server at that time/ This service is temporarily not available

Der Server ist momentan nicht zu erreichen. Gründe hierfür können eine Überlastung des Providers oder Wartungsarbeiten am dortigen Rechner sein. Wiederholen Sie den Vorgang einfach in einigen Minuten noch einmal.

451 Sender address does not belong to logged in user

In diesem Fall wird man darauf hingewiesen, dass die Absenderadresse nicht dem Benutzer gehört, der sich per SMTP-Login angemeldet hat. Konfigurieren Sie Ihr E-Mail-Programm neu, indem Sie die entsprechenden Eintragungen korrigieren.

ERR /home/gmx/gmxpop/POPDROP/.<Kundennummer>.pop lock busy! Is another session active? (11)

Hier wurde der Zugriff wegen eines vorangegangenen fehlgeschlagenen Abrufes aus Sicherheitsgründen für kurze Zeit gesperrt.

Newsgroups einrichten und abrufen

Ähnlich wie beim Einrichten der E-Mail muss der Browser (z. B. Internet Explorer, Netscape) beim Einrichten einer Newsgroup wissen, welchen Server er für die News ansprechen soll. Die Server-Adresse teilt Ihnen normalerweise Ihr Provider mit (z. B. news.erlangen.netsurf.de). Wenn Sie einen Internet-by-Call-Anbieter für die Einwahl ins Internet verwenden, sollten Sie auf einen öffentlichen News-Server zurückgreifen. Was derzeit aktuell geboten wird, können Sie z. B. über die Suchmaschine von Altavista herausfinden. Als Sucheingabe für deutsche Listen empfiehlt sich »Öffentliche News Server« bzw. bei internationalen Listen »Public News Server«.

So richten Sie den Newsserver in Netscape ein

❶ Starten Sie den Netscape Navigator.

❷ Gehen Sie in das Menü »Bearbeiten«, und klicken Sie auf »Einstellungen«.

❸ In dem nun folgenden Dialogfenster (→ Abb. unten) klicken Sie auf »Mail und Foren« und wählen dann den »Newsgroup-Server« aus.

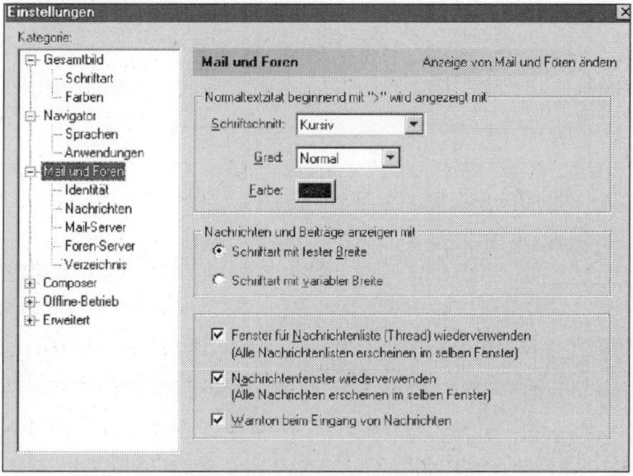

❹ Über »Hinzufügen« können Sie nun einen neuen Newsgroup-Server anlegen.

❺ Geben Sie Ihren öffentlichen Foren-Server oder den Server Ihres Internet-Providers ein, z. B. news.cas.de, und bestätigen Sie mit »OK«.

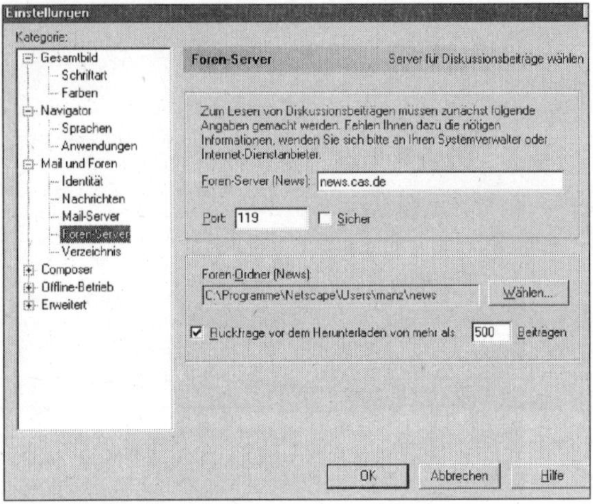

Newsgroups abonnieren

Der News-Server stellt Ihnen eine Vielzahl von Newsgroups zu den unterschiedlichsten Themen zur Verfügung. Damit Sie regelmäßig die Informationen erhalten, die Sie interessieren, müssen Sie die entsprechenden Newsgroups bei Ihrem Server abonnieren. Das funktioniert ungefähr so wie bei einem Zeitschriften-Abonnement.

❶ Gehen Sie in das Menü »Datei«, und wählen Sie »Abonnieren«. Das folgende Dialogfeld zeigt eine Liste der Newsgroups, die auf diesem Server zur Verfügung stehen. Hier können Sie auch die Anzahl der Nachrichten, die dort zu finden sind, ablesen.

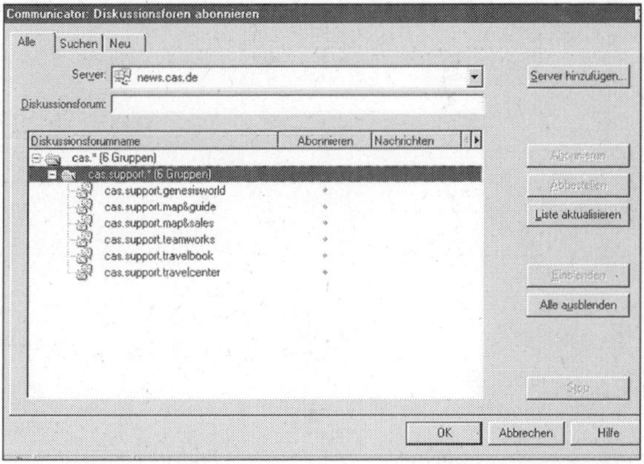

❷ Wählen Sie per Mausklick die Newsgroups aus, die Sie interessieren, und klicken dann auf »Abonnieren«. Bestätigen Sie diese Auswahl mit »OK«.

Nun tauchen der News-Server und die abonnierten Newsgroups im Messenger auf. Was Sie allerdings noch nicht sehen, sind die Nachrichten, die dort zu finden sind. Diese werden erst dann geladen, wenn Sie im Menü »Datei/Neue Nachrichten abrufen« auswählen. Durch Mausklick markieren Sie einzelne oder mehrere Nachrichten und entscheiden so, welche Nachrichten Sie lesen möchten.

So finden Sie sich im Netz zurecht

Das Internet mit seiner riesigen Menge an Informationen und Diensten ist unüberschaubar und für Neueinsteiger verwirrend. Selbst dann, wenn Sie regelmäßig und häufig im Netz aktiv sind, werden Sie immer wieder auf Neuigkeiten und Dinge stoßen, die Ihnen noch nicht bekannt waren. Kein Wunder, denn jeden Tag kommen unzählige Seiten, Dienste, Informationen und Einsatzmöglichkeiten dazu. Selbst die größten Suchmaschinen und Verzeichnisse sortieren nur einen kleinen Teil des Netzes.
Das folgende Kapitel soll Ihnen eine Orientierungshilfe bieten.

Der Aufbau einer URL

Eine URL (Uniform Resource Locator) oder einfach Internet-Adresse ist immer gleich aufgebaut. Wer die Bedeutung der einzelnen Bestandteile zu lesen weiß, kann bereits viel Information allein aus der genauen Deutung der URL beziehen.

Ein Beispiel: Die Internet-Adresse »http://www.weltbild.de« besteht aus folgenden Teilen:

- http: Abkürzung für Hyper Text Transfer Protocol, ein Programm, das zur Übertragung von HTML-Dokumenten genutzt wird.

- www: Dieser Teil der Adresse bezeichnet den Dienst, der genutzt wird. In diesem Fall geht es also um eine Adresse im World Wide Web.
- weltbild.de: Dieser Teil der URL gibt die so genannten »Domains« der Adresse an. Das Kürzel hinter dem Punkt (die so genannte Top Level Domain), hier ».de«, zeigt an, dass es sich um eine Seite im deutschsprachigen Teil des Internets handelt. Das Kürzel vor dem Punkt (die so genannte Sub Level Domain), hier »weltbild«, konkretisiert diese Angabe. Häufig gibt es mehrere Sub Level Domains in einer Internet-Adresse.

Die Top Level Domains werden von einer einzigen Zentralstelle, dem International Network Information Center, kurz InterNIC vergeben. Da diese Institution noch aus der Anfangszeit des Netzes stammt, sind zahlreiche Top Level

Domains, wie z. B. ».mil« für amerikanische militärische Einrichtungen, ».gov« für staatliche amerikanische Institutionen und Behörden oder ».edu« für amerikanische Schulen und Universitäten, sehr stark auf die USA ausgerichtet. Darüber hinaus gibt es Länderkürzel, wie z. B. ».de« für Deutschland, ».at« für Österreich, ».ch« für die Schweiz oder ».fr« für Frankreich.

Abkürzung	Steht für	Bemerkung
.com	commercial	Alle von kommerziellen Unternehmen betriebenen Rechner
.edu	educational	Server von Schulen, Universitäten usw.
.gov	government	Regierungsbehörden
.mil	military	Militärische Rechner
.org	organization	Computer, die nicht kommerziell genutzt werden
.net	network	Organisationen, die ein eigenes Netzwerk betreiben
.Arpa	Advanced Research Research Projects Agency	Die Gründungsorganisation des Internets hat eine eigene Sonderform von Domains.

Für die Vergabe der ».de«-Domains ist die zentrale deutsche Verwaltungs- und Vergabestelle de-nic (www.de-nic.de) in Karlsruhe zuständig. Dort sorgt man dafür, dass Namen niemals doppelt vergeben werden. Hier können Sie anfragen, ob ein bestimmter Name noch frei ist. Sie können aber auch erfahren, auf welchen Namen eine bestimmte de-Domain eingetragen ist.

Suchmaschinen und Verzeichnisse richtig nutzen

Das Internet hat die Problematik rund um das Suchen und Finden von Informationen grundsätzlich verändert. War es früher schwierig oder in einigen Fällen gar unmöglich, eine bestimmte Information zu bekommen, so wird man heute im Internet von der Fülle der zur Verfügung stehenden Informationen praktisch erschlagen. Nur wenn Sie mit den verschiedenen Suchstrategien vertraut sind und zu-dem die richtige Suchmaschine bzw. den richtigen Katalog verwenden, werden Sie fündig.
Bevor wir auf die Frage zu sprechen kommen, wie man sucht, wollen wir klären, wo man suchen kann. Im Internet gibt es zwei ganz unterschiedliche Ansätze, wie Inhalte in Suchsystemen aufgearbeitet werden, nämlich die von Hand erstellten Kataloge und die von Suchrobotern stets aktualisierten Indizes.
Beide Systeme haben Vor- und Nachteile, und je nach

dem, was man sucht, ist man besser beim einen oder anderen aufgehoben. Beide Systeme arbeiten kostenlos.

Von Hand erstellte Kataloge und Verzeichnisse

Manuell, von Hand erstellte Kataloge und Verzeichnisse werden durch Menschen erarbeitet, die Web-Seiten besuchen und diese dann anhand des dort präsentierten Inhalts in einem Schlagwortkatalog einsortieren. Der Vorteil dieser Technik: Menschen bewerten in der Regel den Inhalt von neuen Seiten sinnvoll.

Ein Beispiel: Nehmen wir an, Sie haben einen Fachaufsatz zum Thema Aluminiumbe- und -verarbeitung ins Netz gestellt und diesen mit einem Beispiel eines Autoherstellers eingeleitet, auf das Sie allerdings im weiteren Text nicht mehr detailliert zu sprechen kommen. Die Redakteure von Katalogen lesen nun Ihren Aufsatz und werden ihn auch im richtigen Zusammenhang – nämlich in Bezug auf die Aluminiumbe- und -verarbeitung – im Katalog aufnehmen. Der Autohersteller spielt in diesem Zusammenhang kaum eine Rolle, da er nur als Beispiel dient. Also wird er in dem Katalog auch nicht erscheinen.

Wenn Sie nach Informationen suchen, haben solche Kataloge einige Vorteile: Sie können sich nämlich Schritt für Schritt einer Thematik nähern, indem Sie sich im Katalogsystem einfach Ebene für Ebene Ihrem eigentlichen Ziel annähern.

Ein weiteres Beispiel: Sie suchen nach einem geeigneten

Zitat, um einen Vortrag zu beginnen. Im Katalogsystem von »Yahoo« klicken Sie nun zunächst auf die Kategorie »Nachschlagewerke« und dann auf »Zitate«. Schon bekommen Sie eine große Auswahl an Seiten angezeigt, die solche Informationen bereithalten. Das Ganze passiert, ohne dass Sie überhaupt eine konkrete Suchanfrage gestartet haben, denn Sie haben ja noch gar keinen Begriff eingegeben. Der weitere Weg ist einfach: Sie klicken sich durch die für Sie passenden Themengebiete und werden sicher fündig.

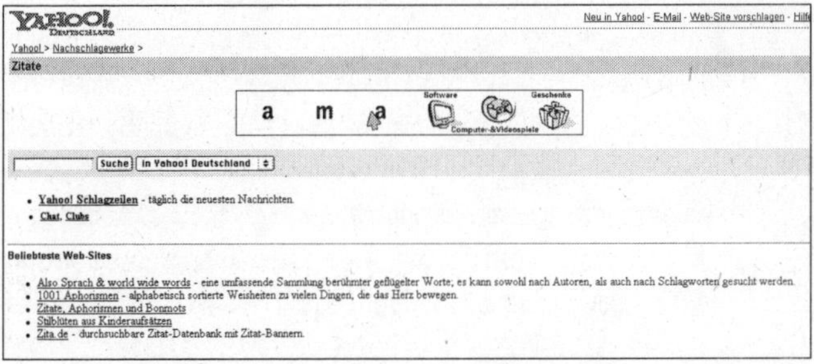

Das Katalogsystem von »Yahoo« bietet vielfältige Möglichkeiten, nach Informationen zu suchen.

Stichworte und Schlagworte

Wichtig ist bei Katalogen die Unterscheidung zwischen Stich- und Schlagworten. Stichworte sind Begriffe, die wortwörtlich im Text des Dokuments selber vorkommen. Dagegen benennen Schlagworte zentrale Aspekte des

Textes, ohne unbedingt selbst darin vorkommen zu müssen. Schlagworte sind für eine thematische Suche von großer Bedeutung, während Stichworte eine mechanische Suche ermöglichen.

Ein Beispiel: In einem Aufsatz über einen Maler muss nicht unbedingt das Wort »Impressionismus« auftauchen, auch wenn der Künstler dieser Stilrichtung zuzuordnen wäre. »Impressionismus« wäre ein Schlagwort für diesen Artikel, aber kein Stichwort.

Ein Nachteil der manuellen Verschlagwortung ist, dass die Redakteure sich bei ihrer Zuordnung für eine bestimmte Kategorie entscheiden müssen. Die Systematik für unser Beispiel könnte lauten: Kunst & Literatur/Malerei/französischer Impressionismus. Nicht immer stimmt diese Zuordnung mit den eigenen Maßstäben überein.

Ein weiterer, genereller Nachteil von derartigen Katalogen: In der Regel ist die darin verfügbare Datenmenge relativ klein. Zudem sind Kataloge in der Regel nicht ganz so schnell mit der Aufnahme neuer Seiten, da sie von Hand erstellt werden müssen.

Ideal sind Kataloge, wenn Sie sich für ein komplexeres Thema oder Sachgebiet interessieren. Weniger geeignet sind sie, wenn es um die Beantwortung einer ganz spezifischen Frage oder um die Klärung eines einzigen Sachverhalts geht.

TIPP Typische Beispiele für deutsche Kataloge sind »www.yahoo.de«, »www.lycos.de« und »www.altavista.de«.

Robotergesteuerte Suchmaschinen

Robotergesteuerte Suchmaschinen automatisieren den Suchvorgang in drei Schritten:

❶ Im ersten Arbeitsschritt durchforsten vollautomatische Informationssammler, auch »Robot«, »Spider« oder »Crawler« genannt, das Netz. Die Informationen, die diese Roboter sammeln, werden automatisch an die eigentliche Suchmaschine geschickt. Da zeitgleich mehrere Roboter unterwegs sind, ist die Datenmenge, die geliefert wird, sehr groß.

❷ Nun versucht eine Indizierungssoftware, die Daten zu strukturieren.

❸ Eine dritte Softwarekomponente wertet schließlich die eingegebenen Suchanfragen aus und schickt diese Ergebnisse an den Datenserver, der sie dem Benutzer präsentiert.

Der Vorteil der Suchmaschinen besteht in dem außergewöhnlich großen Datenbestand, der ausgewertet und präsentiert wird. Doch dieses System hat auch einen großen Nachteil: Der Anteil an unbrauchbaren Suchergebnissen ist sehr hoch, da nicht nach Sinn, sondern rein nach Vorkommen des Stichwortes gesucht wird.

Kommen wir noch einmal auf unser Aluminium- und Auto-Beispiel zurück. In einer robotergesteuerten Suchmaschine bestünde eine große Chance, dass Ihnen auch der Fachartikel zum Thema Aluminiumverarbeitung präsentiert wird, wenn Sie nach dem Autohersteller suchen, der darin erwähnt wird.

Suchmaschinen leisten dann gute Dienste, wenn Sie Ihre Anfrage möglichst genau präzisieren können. Ein zu allgemeines Suchwort bringt eine so große Menge an Treffern hervor, dass die nachfolgende Auswertung zu aufwändig wird.

TIPP Typische deutschsprachige Suchmaschinen sind »www.aladin.de«, »www.eule.de« oder »www.intersearch.de«. Um die für Ihre speziellen Zwecke besten Suchmaschinen herauszufinden, sollten Sie verschiedene Adressen ausprobieren. Die größten Unterschiede bestehen in den Suchstrategien der Maschinen.

Meta-Suchmaschinen

Die starre Trennung zwischen den Katalogen und dem robotergesteuerten Index löst sich in der Praxis immer weiter auf. So arbeiten die meisten Kataloge schon mit Suchmaschinen zusammen. Anfragen, die im Katalogverzeichnis zu keinem Ergebnis kommen, werden an die Suchmaschinen weitergeleitet, und der Katalog präsentiert dann dieses Ergebnis.

Immer beliebter werden auch die so genannten Meta-Suchmaschinen. Sie haben keine eigene Datenbank, sondern schicken die Suchanfrage gleich an mehrere Suchmaschinen weiter. Besonders hilfreich sind diese Meta-Suchmaschinen, wenn sie die Ergebnisse der verschiedenen Suchmaschinen abgleichen und in bereinigter Form darstellen.

Es gibt aber auch Meta-Suchmaschinen, die die Ergebnisse der verschiedenen Suchdienste einfach in einzelnen Fenstern präsentieren. Das ist zum einen sehr unübersichtlich, zum anderen arbeitsaufwändig, denn Sie müssen manuell die doppelten Einträge suchen.

TIPP Eine der besten deutschen Meta-Suchmaschinen ist MetaGer, erreichbar unter »http://meta.rrzn.uni-hannover.de/«. Ebenfalls empfehlenswert: Apollo7 (www.apollo7.de), MetaCrawler (www.metacrawler.de) oder MetaSpinner (www.metaspinner.de). Wenn Sie eine sehr spezielle Suchanfrage starten möchten, können Sie hier von vornherein Ihr optimales Recherche-Instrument herausfinden.

Suchbegriffe verknüpfen

Um schnell und effektiv zu den gewünschten Seiten zu gelangen, können Sie verschiedene Suchbegriffe miteinander verbinden. Dabei helfen Ihnen die so genannten booleschen Operatoren, benannt nach Ihrem Erfinder George Boole. Die wichtigsten Operatoren sind »UND«, »ODER« und »NICHT«.

In der einfachsten Form verbinden die Operatoren zwei Suchbegriffe miteinander:

Geben Sie bei einer Suchmaschine die Anfrage »Auto UND Händler« ein, so werden alle Seiten angezeigt, in denen beide Stichwörter auftauchen.

Die Suche nach »Elektroantrieb ODER Gasantrieb« ergibt alle Seiten, die sich mit einem der beiden Antriebskonzepte oder mit beiden auseinander setzen.
Eine Anfrage etwa im Stil von »Auto NICHT Audi« fördert dagegen Web-Seiten über alle Autos außer der Marke Audi zu Tage.

Drei oder mehr Begriffe verknüpfen

Spannend wird es, wenn Sie eine komplexere Anfrage starten. Nehmen wir an, Sie suchen Seiten zum Thema Brot. Zusätzlich soll die Suche um die Getreidesorte erweitert werden: Es sollen nur Seiten gefunden werden, die sich mit dem Thema Brot aus Weizen oder aus Mais beschäftigen, wobei Sie die Brote ausschließen wollen, die Kümmel enthalten. Die Suchanfrage müsste demnach lauten »Brot UND (Weizen ODER Mais) NICHT Kümmel«. Die Klammern sind wichtig, um der Suchmaschine zu signalisieren, dass die Begriffe Weizen oder Mais enger zusammengehören als z. B. die Begriffe Mais und Kümmel. Sie können ihre Suchanfrage also sehr genau formulieren und genau so eingrenzen, wie Sie sie brauchen.
Hinweise zu den verschiedenen Suchoptionen finden Sie in den Anleitungen der Suchmaschinen und Kataloge. Dort werden Sie auch über die bevorzugte Schreibweise der Operatoren informiert, z. B. Groß- oder Kleinschreibung oder auch mathematische Zeichen anstelle der wörtlichen Ausdrücke.

TIPP Der Operator »NAHEBEI« bzw. »NEAR« grenzt eine »UND«-Suche stärker ein. Er legt fest, dass die gesuchten Begriffe nur eine bestimmte Anzahl von Wörtern in einem Dokument voneinander entfernt sein dürfen, also sehr wahrscheinlich im gleichen Sinnzusammenhang gebraucht werden.

Für Fortgeschrittene: Phrasen und Platzhalter

Wenn Sie längere Zusammensetzungen wie z. B. »FC Bayern München« suchen, müssen sie die Begriffe, nach denen gesucht werden soll, zu einer Phrase (einem Satz) verbinden. Das geschieht ganz einfach, indem Sie die Wörter in Anführungszeichen setzen oder mit . oder _ verbinden: »"FC Bayern München"«, »FC.Bayern.München« oder »FC_Bayern_München«.

Zudem haben Sie die Möglichkeit, so genannte Wildcards als Platzhalter zu verwenden. Solche Platzhalter sind die Zeichen * und ?.

Wenn Sie z. B. »Auto*« eingeben, wird alles gesucht, was mit »Auto« anfängt, wie beispielsweise »Automobil«, »Automation«, aber auch »Autohändler«, »Autoreisezug« oder »Autosuggestion«.

Mit diesen Platzhaltern vergrößern Sie also die Menge der in Frage kommenden Informationen. Sinnvoll kann dies dann sein, wenn es mehrere gängige Schreibweisen für ein Wort gibt, wie »Photographie«, »Fotographie« oder »Fotografie«. Um diese Suchläufe zu kombinieren, geben Sie »*otogra*ie« ein.

*TIPP Der Platzhalter * ersetzt beliebig viele Buchstaben, ? dagegen nur einen. Suchen Sie also L*d so erscheint Lied, Lid, Liebeslied, aber auch Leid, Laborbefund etc. Bei L?d hingegen werden Sie nur Hinweise auf das Lid finden.*

Suchergebnisse auswerten

Nachdem Sie Ihre Suchbegriffe eingegeben und diese bestätigt haben, präsentiert Ihnen die Suchmaschine die Ergebnisse. Neben dem Titel sehen Sie dann zumeist auch das Erstelldatum und eine kurze Zusammenfassung des Seiteninhalts. Nicht immer ist die URL in ausführlicher Form angegeben. Stattdessen gibt es häufig einen Link zur entsprechenden Seite.

Wenn Sie mit der Maus über diesen Link fahren, zeigt Ihnen der Browser unten links die entsprechende Internetadresse (URL) an. Nutzen Sie diese Information für ihre Vorauswahl, denn daraus können Sie bereits einiges über den Verfasser – und damit häufig auch über die Qualität – der Web-Seite erfahren.

Unbrauchbare Ergebnisse

Neben Überlastung des Servers, abgerissener Verbindung etc. sind es vor allem zwei Probleme, die zu unbrauchbaren Ergebnissen bei Suchanfragen führen:

❶ Es gibt überhaupt keine Treffer.

❷ Es gibt zu viele Treffer.

Zu ❶ Überlegen Sie, ob der Begriff zu speziell ist, und kontrollieren Sie die Schreibweise. Achten Sie besonders auf Umlaute. Alternativ hierzu sollten Sie den gesuchten Begriff in Einzahl und Mehrzahl eingeben, verwandte Begriffe suchen oder eine andere Suchmaschine verwenden, die über eine größere Datenbasis verfügt.

Zu ❷ Häufiger hat man das Problem, dass die Anzahl der Treffer unüberschaubar groß ist. Der Suchbegriff war also zu allgemein formuliert und kommt in dieser Form in zu vielen Dokumenten vor. Nun haben Sie verschiedene Möglichkeiten:

❶ Einige Suchmaschinen erlauben innerhalb des bereits gefilterten Datenbestands eine weitere Suche.

❷ In welchem Zusammenhang kommt das gesuchte Wort vor? Schränken Sie mithilfe der booleschen Operatoren die Suche ein.

❸ Wenn Ihre Anfrage zu allgemein ist, können Sie mit einer auf ein Themengebiet spezialisierten Suchmaschine besser arbeiten.

❹ In einem Suchkatalog können Sie Schritt für Schritt die Thematik einkreisen und bekommen dann eine sehr detaillierte Antwort, auch bei einer allgemein formulierten Suchanfrage.

Suchmaschinen finden

Wenn Sie eine spezielle Suchmaschine finden wollen, sollten Sie unbedingt die Seite »www.klug-suchen.de« anschauen. Hier sind nicht nur alle relevanten deutschen Suchdienste, sondern auch einige hundert spezielle Suchmaschinen aufgelistet. Sogar eine Suchfunktion für Suchmaschinen ist vorhanden. Einziger Nachteil: Die Bewertungen der einzelnen Suchmaschinen sind z. T. sehr kurz und mitunter widersprüchlich, weil sie von verschiedenen Benutzern verfasst wurden.

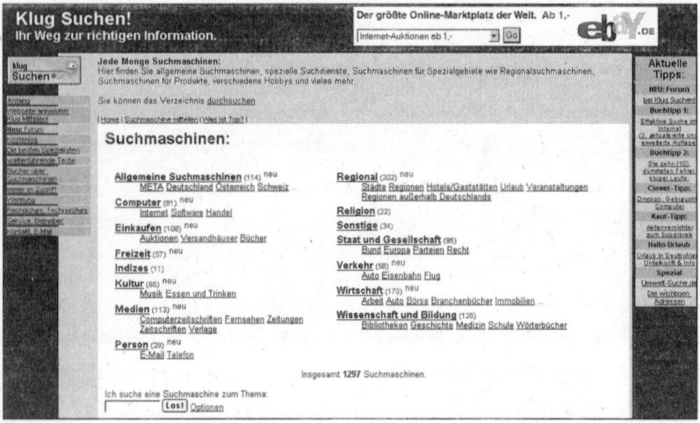

Es gibt eine große Zahl von Suchmaschinen im Internet. Unter »www.klug-suchen.de« finden Sie Kurzbeschreibungen.

Tipps und Tricks für Suchanfragen

Nutzen Sie Suchmaschinen in der Sprache, in der Sie auch das Suchwort eingeben. Es gibt Begriffe, die in verschiedenen Sprachen unterschiedliche Bedeutungen tragen (z. B. Handy und Mobile Phone).

- Je spezieller der Begriff oder das Thema ist, nach dem Sie suchen, desto größer und umfangreicher sollte die Datenbank der Suchmaschine sein, damit Sie überhaupt etwas finden.
- Umgekehrt gilt: Je allgemeiner Ihr Suchbegriff ist, desto spezieller sollte die Suchmaschine ausgerichtet sein, damit Sie nicht von zehntausenden Treffern überrascht werden.
- Versuchen Sie im Vorfeld möglichst genau zu definieren, was Sie suchen. Benutzen Sie z. B. auch die Thesaurus-Funktion Ihrer Textverarbeitung, um entsprechende Synonyme zu finden.
- Wenn Sie sich im Browser befinden und auf die rechte Maustaste drücken, erscheint die Option »In (einem) neuem Fenster öffnen«. Klicken Sie sie an, dann wird für jeden Link ein neues Browserfenster geöffnet. Damit bleiben die Suchergebnisse in einem eigenen Fenster erhalten, und Sie können auf diese Weise schneller arbeiten.
- Nehmen Sie sich Zeit, und machen Sie sich mit einigen wichtigen Suchmaschinen vertraut. Die Zeit, die Sie hierfür investieren, holen Sie hinterher leicht wieder heraus, weil Sie effektiver suchen können.

Die eigene Homepage

Vielleicht wollen Sie aber nicht nur Informationen im Internet finden, sondern auch selbst im Netz präsent sein.

Eine eigene Homepage im Internet ist für Privatpersonen und Familien zwar nicht wirklich erforderlich, aber ein derartiger Auftritt kann durchaus lohnend sein. Einerseits können Sie auf diese Art und Weise Ihre Fähigkeiten im Webdesign verfeinern, andererseits werden Sie erstaunt sein, wie viele Menschen in der einen oder anderen Form auf ihren Auftritt im Web reagieren. Was für den Privatbereich als Hobby angesehen werden kann, ist für kleine und große Unternehmen sowie für Selbstständige und für Freiberufler mittlerweile fast schon ein Muss.

Eine Chance für kleinere Firmen

Ein Selbstständiger, eine kleine Schreinerei, die alte Möbel restauriert, oder ein lokal ansässiger Schreibwarenhändler benötigen in der Regel keinen riesigen Internet-Auftritt. Dennoch sollte man die Chancen, die das Internet gerade für relativ kleine Firmen bietet, nicht unterschätzen. Hier könnte auch eine größere und professionell gestaltete Internet-Seite sinnvoll sein. Auf diese Art könnte sich das Unternehmen bundesweit z. B. als Spezialist für Möbelrestauration profilieren und so zusätzliche Aufträge bekommen. Das Internet bietet also gerade kleinen Firmen in Marktnischen und -lücken viele Chancen.
Welche Möglichkeiten es bei einer Webpräsenz gibt, erfahren Sie am ehesten dadurch, dass Sie die Seiten anderer Firmen besuchen und diese analysieren. Was wurde hier gut gemacht, was nicht? Was wäre auch für Ihr

Unternehmen interessant? Klären Sie auch die Frage, ob Sie Produkte übers Netz verkaufen wollen, und wenn ja, welche. Mit diesen Vorschlägen und Überlegungen können Sie dann eine geeignete Agentur für die Umsetzung suchen.

Um sich im Netz zu präsentieren, brauchen Sie eine Software zum Erstellen der Seiten. Besitzen Sie z. B. Microsoft Office 2000, so empfiehlt es sich, das darin enthaltene Programm Frontpage zu verwenden. Die Konkurrenzprodukte Frontpage Express und Netscape Composer sind ebenfalls kostenlos zu haben.

Multimedia im Internet

Schon heute ist das World Wide Web ohne Multimedia-Anwendungen kaum mehr denkbar. Musik oder Video: Was auf CD-ROM möglich ist, wird auch im WWW angeboten. Und die Entwickung geht in rasantem Tempo weiter: Schon jetzt kann man im Internet Radio hören oder fernsehen, und täglich kommen neue Angebote hinzu.

Allerdings brauchen akustische und visuelle Informationen viel Speicherplatz, und das führt zu langen Übertragungszeiten. Abhilfe schafft hier die so genannte Stream-Technologie, bei der die Signale aus dem Internet nicht erst komplett auf den PC geladen werden, sondern sofort zum Ansehen oder Anhören zur Verfügung stehen. Das spart Zeit, denn Sie können den Datenfluss jederzeit unterbre-

chen, wenn die gestartete Datei nicht Ihren Erwartungen entspricht. Außerdem ist es mithilfe der Stream-Technologie inzwischen auch möglich, Ereignisse live ins Internet zu übertragen.
Auf diesem Weg können Sie auch zahlreiche Radiosender aus aller Welt über das Internet empfangen, und einige Fernsehsender bieten ihr Programm ebenfalls live im Internet an.

Ein umstrittener Klassiker: MP3

MP3 ist ein Verfahren zur Komprimierung von Audiodaten. Heute wird es vor allem dazu verwendet, Musik kostenlos aus dem Internet herunterzuladen. Für die Musikindustrie, die an diesen Downloads nichts verdient, ist MP3 ein erhebliches Problem, aber für Musikfreunde in aller Welt ist es eine großartige Möglichkeit, die im Rahmen der Legalität bleibt, solange die Musikstücke nicht weiterverbreitet werden. Inzwischen bieten zahlreiche Elektronikhersteller auch mobile Abspielgeräte für MP3-Musik an.

TIPP *Die wichtigste Adresse für MP3-Fans und solche, die es werden wollen, ist http://www.mp3.com, eine der meistbesuchten Web-Sites überhaupt. Die deutschsprachige Version unter http://www.mp3.de ist ebenfalls sehr empfehlenswert. Hier finden Sie neben zahlreichen Musikstücken zum Herunterladen auch Charts und aktuelle Konzertdaten für deutsche Städte.*

Für Besitzer eines Windows-PCs ist der MP3-Player Winamp die erste Wahl. Er ist unter http://www.winamp.com kostenlos erhältlich und lässt sich problemlos installieren.

Die MP3-Web-Sites bieten dem Musikfreund die Möglichkeit, sich individuelle Sammlungen aller Stilrichtungen anzulegen.

RealPlayer – die Software für Audio- und Videodaten

Die bekannteste und am weitesten verbreitete Abspiel-Software für Audio- und Videodaten aller Art ist der RealPlayer. Er ist für private Windows- und Mac-Anwender kostenlos übers Internet erhältlich. Allerdings hängt die Bild- und Tonqualität von der jeweiligen Verbindung ab. Je schneller das Modem arbeitet, desto besser ist die Qualität.

Wer über ein modernes Modem oder über eine ISDN-Verbindung verfügt, kann zwar noch nicht CD-Qualität erwarten, aber mit einer durchaus ansprechenden Tonqualität rechnen.

Die deutschsprachige Version des RealPlayer ist über http://de.real.com erhältlich. Er installiert sich fast von selbst und funktioniert dann als Erweiterung des Browsers.

TIPP *Der RealPlayer ist nicht für alle Multimedia-Angebote geeignet. Wer eine große Breite von Live-Angeboten nutzen will, sollte auch andere Abspiel-Software nutzen, z. B. den LiquidPlayer, der unter http://www.liquidaudio.com kostenlos zum Download angeboten wird. Für manche Radiosender wird der Microsoft MediaPlayer benötigt, der unter http://www.microsoft.com/windows/mediaplayer bereitsteht.*

Wie die meisten Multimedia-Player ist der RealPlayer mit Tasten zum Abspielen, Anhalten, Vor- und Rückspulen ausgerüstet, die an die Tasten eines Kassetten- oder Videorekorders erinnern und mit der Maus bedient werden. Über einen Regler lässt sich die Lautstärke einstellen.

Der RealPlayer ist heute die bekannteste Abspiel-Software für Audio- und Videodaten.

Radio im Internet

Seit 1995 werden Radiosendungen in Echtzeit im Internet übertragen. Inzwischen verzeichnet die empfehlenswerte Liste, die unter http://www.real.com ständig aktualisiert wird, mehr als 2500 Radiostationen aus aller Welt, deren Programm überall zu empfangen ist. Darunter sind auch zahlreiche deutschsprachige Sender.
Neben der Möglichkeit, Radiosendungen live zu empfangen, bieten manche Radiosender auch ein Archiv mit bereits gesendeten Beiträgen an. Der Vorteil gegenüber Live-Sendungen liegt in der Möglichkeit, den Beitrag beliebig oft abzuspielen, vor- und zurückzuspulen und auf die eigene Festplatte zu laden.

TIPP *Eine wahre Fundgrube für alle Radiofans ist die Web-Site http://www.broadcast.com. Sie funktioniert wie eine internationale Programmzeitschrift und hält Informationen über nahezu alle Radioanbieter im Internet bereit. Daneben finden sich unter dieser Adresse auch Nachrichten aus den verschiedensten Bereichen, die mehrmals täglich aktualisiert werden.*

Videos im Internet

Noch mehr als im Audiobereich müssen beim Betrachten von Videos aus dem Internet gelegentlich Qualitätseinbußen und lange Wartezeiten in Kauf genommen werden. Lustige Zeichentrickfilme können durch langsame Datenübertragung schon einmal zu grotesken Comics mit Daumenkinoeffekt mutieren.

Das wird verständlich, wenn man bedenkt, dass bei einem Video große Mengen von Bild- und Tondaten gleichzeitig durch die Leitung geschickt werden müssen. Um eine gute Qualität zu erreichen, ist ein schnelles Modem unabdingbar, bessere Ergebnisse bringt ein ISDN-Anschluss oder DSL. Beachten muss man auch, dass zwei verschiedene Videoformate existieren, die nicht untereinander kompatibel sind: AVI (Microsoft) und QuickTime (Apple). In der Regel wird aber beim Download von Videos ein Hinweis gezeigt, wenn Zusatzsoftware erforderlich ist, und diese auch zum Laden angeboten.

Fernsehen im Internet

Mittlerweile haben auch zahlreiche Fernsehsender den Internet-Auftritt für sich entdeckt. Die Web-Seiten der Sender bringen Hintergrundinformationen zum aktuellen Programm, Nachrichten und sogar Sendungen in Echtzeit. Wichtig sind aber auch die Archiv-Angebote der Fernsehsender. So kann man unter http://www.tagesschau.de jederzeit und weltweit die Tagesschau abrufen. Zusätzlich ist es möglich, im Archiv die Sendungen des letzten halben Jahres aufzuspüren – als komplettes Video der Sendung oder nach einzelnen Beiträgen sortiert. Auch andere Sender bieten Archive an, in denen sich das Stöbern lohnt.

Fernsehsender und ihre Web-Adressen: eine Auswahl	
ARD	http://www.das-erste.de, http://www.ard.de
ZDF	http://www.zdf.de
3SAT	http://www.3sat.com
Bayerischer Rundfunk	http://www.br-online.de
Norddeutscher Rundfunk	http://www.ndr.de
Westdeutscher Rundfunk	http://www.wdr.de
Südwestrundfunk	http://www.swr-online.de
Sender Freies Berlin	http://www.sfb.de
Hessischer Rundfunk	http://www.hr-online.de
Mitteldeutscher Rundfunk	http://www.mdr.de
Radio Bremen	http://www.radiobremen.de
Saarländischer Rundfunk	http://sr-online.de
Ostdeutscher Rundfunk Brandenburg	http://www.orb.de
Deutsche Welle	http://www.dwelle.de
RTL	http://www.rtl.de,
	http://www.rtl2.de
Sat 1	http://sat1.de
n-tv	http://www.nt-v.de
Kabel 1	http://www.kabel1.de
Pro Sieben	http://pro-sieben.de
Vox	http://www.vox.de
ORF	http://www.orf.at
Arte	http://www.arte-tv.com
BBC	http://bbc.co.uk
CBS News	http://www.cbs.com

Sicherheit im Internet

Es ist noch gar nicht so lange her, dass ein verheerendes Virus (»I love you«) weltweit für Aufregung sorgte und nicht nur zahlreiche private PCs, sondern auch ganze Firmennetze praktisch lahm legte. Eindrucksvoll machte dieser Vorfall klar, dass es einen hundertprozentigen Schutz vor Computerviren nicht gibt und auch nicht geben kann.
Die so oft beklagte fehlende Sicherheit ist auch immer noch eines der Haupthindernisse, wenn es um den elektronischen Einkauf geht. Doch wie groß sind die bestehenden Sicherheitslücken wirklich, und welchem Risiko setzen Sie sich bei der Nutzung des Internets aus?

Wie Sie Ihren Internetzugang vor fremdem Zugriff schützen können

Für den privaten Anwender gilt es zunächst einmal, die persönlichen Daten zu schützen. Potenzielle Probleme stellen in diesem Zusammenhang Computer-Viren und logische Bomben dar, die im schlimmsten Fall zu Datenverlust oder defekten Systemen führen können. Gefürchtet sind auch die so genannten Trojanischen Pferde. Dies sind Programme, die einen anderen Zweck verfolgen, als der Anwender meint. Trojanische Pferde werden z. B. zum Ausspionieren von Zugangsdaten und Passwörtern verwendet, oder auch zum Löschen von Dateien, zum Verbreiten von Viren etc.

TIPP *Logische Bomben sind Computer-Viren, die zu einem ganz bestimmten Ereignis, z. B. einem festgelegten Datum aktiv werden. Am 02.02.2002 und ähnlichen Daten ist also grundsätzlich Vorsicht geboten, wenn unerwartete E-Mails in Ihrem elektronischen Postfach liegen.*

Antivirenprogramme

Heute bieten die Antivirenprogramme der namhaften Hersteller, wie z. B. Symantec Norton AntiVirus oder ähnliche Programme, einen hohen Schutz. Dies gilt vor allem dann, wenn Sie sich regelmäßig über das Internet die aktuellen Updates für diese Programme herunterladen. So sind Sie immer auf dem neuesten Stand. Die Preise für ein gutes Antivirenprogramm sind mit DM 100,– bis 250,– moderat.
Mittlerweile gibt es auch schon gute Komplettlösungen, wie z. B. Norton Internet Security 2000. Sie schützen nicht nur vor Viren, sondern auch vor Hackerangriffen, Trojanischen Pferden und unerwünschten Werbebannern.

Regelmäßig sichern

Wichtige Dateien müssen regelmäßig gesichert werden. Diplom- oder Doktorarbeiten und ähnliche wichtige Dokumente sollten unbedingt in kürzeren Abständen auf externen Laufwerken oder Disketten gespeichert werden. Bewahren Sie die Kopien an einem sicheren Ort (in ganz heiklen Fällen an mehreren Orten) auf.

Wenn Sie noch mehr tun möchten, kopieren Sie die Dateien mit dem Explorer auf das Sicherungslaufwerk, z. B. ein Band- oder ein ZIP-Laufwerk. Sie können auch das in Windows integrierte Backup-Programm verwenden, mit dessen Hilfe Sie regelmäßig Sicherungskopien wichtiger Dateien anlegen können.

Sollte ein Virus zuschlagen, haben Sie nach diesen Vorsichtsmaßnahmen zumindest eine ältere Version Ihrer Daten, mit der Sie weiterarbeiten können. Hilfreiche Dienste leisten Sicherungskopien auch bei Datenverlusten anderer Art, z. B. durch eine defekte Festplatte, Blitzschlag oder Totalausfall des Systems.

Bedenken Sie: Das Wichtigste, was Sie haben, sind Ihre persönlichen Daten. Alles andere, d.h. der Rechner und die Software, lässt sich nach einem Defekt sehr schnell wieder beschaffen.

Gefahr droht auch aus dem E-Mail-Verkehr

Mittlerweile sind E-Mails aus der privaten und geschäftlichen Kommunikation nicht mehr wegzudenken. Dennoch sollten Sie sich klar machen, wie unsicher eine E-Mail eigentlich ist. Der Vergleich mit einer offen verschickten Postkarte, bei der jeder, der es möchte, den Inhalt lesen kann, drängt sich auf. Würden Sie aber Firmengeheimnisse oder andere wichtige Daten und Informationen mit einer Postkarte verschicken? Wohl kaum. Deshalb sollten in einem solchen Umfeld sämtliche E-Mails unbedingt verschlüsselt werden.

Einen Quasi-Standard hat hierfür das Programm PGP (Pretty Good Privacy, etwa: Prima Privatsphäre) des Amerikaners Phil Zimmermann gesetzt. PGP beruht auf zwei verschiedenen Verschlüsselungsverfahren und bietet so sehr hohe Sicherheit.

Der Zugang zum PC muss geheim bleiben

Ein oft vernachlässigtes Thema in diesem Zusammenhang sind die Passwörter, Zugangsdaten und sonstige Nutzerkennungen. Im Grunde gilt für diese Daten das Gleiche wie für die PIN Ihrer Scheckkarte.

- Schreiben Sie sich diese Passwörter also nicht auf, bzw. bewahren Sie solche Notizen nicht in unmittelbarer Nähe des Computers auf. Geben Sie sie auch nicht weiter, und verwenden Sie keine leicht zu erratenden Kombinationen wie Geburtstage oder Namen.
- Speichern Sie Passwörter auf keinen Fall ungeschützt auf Ihrer Festplatte.
- Auch wenn es ein wenig Mühe macht: Stellen Sie Ihr Mail-Programm bzw. Ihren Web-Browser so ein, dass das Passwort jedes Mal neu abgefragt wird.
- Ändern Sie in sinnvollen Abständen Ihre Passwörter.

Schutz für kommerzielle Nutzer

Was für Privatpersonen gilt, gilt erst recht bei Firmen und vor allem dann, wenn Sie selber als Internet-Anbieter auftreten. Wenn Sie Ihr lokales Netzwerk mit dem Internet verbinden, besteht nämlich, zumindest theoretisch, auch eine Verbindung in die andere Richtung. Daher werden bei einem Netzwerk so genannte Internet Router eingesetzt, die mit Filtern den Durchgang der Daten regeln. In der Regel erlauben diese Filter einen unbeschränkten Internet-Zugriff, während in der Gegenrichtung keine Daten durchgelassen werden, sodass das eigene Netzwerk geschützt ist. Bei großen E-Commerce-Projekten benötigen Sie mehr Schutz in Form von so genannten »Firewalls«.

Vorsorge gegen Viren

❶ Verwenden Sie ein namhaftes Antivirenprogramm, und sorgen Sie dafür, dass dieses stets auf dem aktuellen Stand ist.

❷ Erstellen Sie einen Satz Rettungsdisketten, mit denen Sie den Rechner im Notfall starten können. Die meisten Antivirenprogramme unterstützen derartige Rettungsdisketten und erlauben dann auch ein Scannen und Säubern der Festplatte.

❸ Wenn Sie mehrere PCs haben, speichern Sie sensible Daten auf der Maschine, die nicht an das Internet angeschlossen ist. Vermeiden Sie in der logischen Folge, Spiele und Dateien unbekannter oder zweifelhafter Herkunft auf diesem System zu installieren. Wenn Sie ihre Daten auf diese Weise trennen, erreichen Sie schon einen sehr hohen Schutz.

❶ Brisante Daten, wie z. B. die Nummer der Kreditkarte, das Passwort für den Onlinezugang, die PIN- und Benutzernamenkombination fürs Onlinebanking oder andere wichtige Informationen (Firmenpasswörter etc.) haben unverschlüsselt auf einem Rechner nichts verloren.

❷ Wenn Sie fremde Disketten benutzen, scannen Sie diese zunächst nach Viren, bevor Sie damit arbeiten. Dies gilt natürlich auch für Dateien, die Sie aus dem Internet herunterladen.

❸ Schalten Sie das Booten von Diskette im BIOS Ihres Computers aus. Diese einfache Maßnahme unterbindet die Verbreitung der besonders gefährlichen Bootsektorviren.

❹ Seien Sie vorsichtig im Umgang mit anonymen Dateien aus dem Internet.

❺ Öffnen Sie nur solche Word- und Excel-Tabellen, deren Quelle Ihnen bekannt ist. Selbst das ist keine Garantie, dass diese Dateien nicht durch Makroviren infiziert sind. Sie können sich am besten davor schützen, indem Sie die Ausführbarkeit der Makros in den Anwendungen deaktivieren oder gleich ein Anzeigeprogramm verwenden, das überhaupt keine Makros ausführt. Natürlich schützen auch Antivirenprogramme vor derartig verseuchten Dateien.

Einkaufen im Netz: Chancen und Risiken

Wer im Netz surft und stöbert, der stößt immer wieder auf ausgesprochen interessante Angebote. Kein Wunder, denn nahezu alle großen Kauf- und Warenhäuser sowie zahlreiche andere Shops sind mittlerweile online. Das Angebot ist umfassend und reicht von A wie Autos über Blumen, Kleidung und Möbel bis zu Z wie Zeitungen und Zeitschriften. Es gibt also praktisch nichts, was es nicht im Netz gibt.

Preisvergleich im Internet

Ein weiterer großer Vorteil des Internets ist die Möglichkeit, sehr schnell und einfach die Preise zu vergleichen. Die Konkurrenz ist im Netz immer nur ein paar Mausklicks entfernt.

Der Konkurrenzkampf im Internet und zwischen den Shops im Netz und den Shops in der realen Welt ist sehr hoch, sodass viele Händler mit ausgesprochen günstigen Angeboten versuchen, die Aufmerksamkeit ihrer potenziellen Kunden zu erreichen. Das Netz ist also ein ideales Revier für Schnäppchenjäger. Und dies ist auch der Grund, warum Online-Auktionen, Preisagenturen und virtuelle Kaufgemeinschaften blühen.

TIPP Vergleichen Sie die Online-Gebühren für Ihren Internet-Einkauf mit dem, was Sie zahlen müssen, wenn Sie Ihren Wagen eine Stunde ins Parkhaus stellen ... So schmerzt die Telefonrechnung am Ende des Monats noch weniger.

Zu den Artikeln, die am häufigsten im Netz bestellt werden, gehören: Reisen und Flugtickets, Bücher, CDs sowie PC-Produkte, also Hard- und Software. Mit 0,6 Prozent spielt dagegen der Autokauf im Internet eine verschwindend geringe Rolle, was aber nicht heißt, dass sich nicht bereits eine Vielzahl der potenziellen Kunden vorab im Internet informieren würde. Der eigentliche Kauf wird dann immer noch beim Händler um die Ecke getätigt. Ob dies jedoch auf Dauer so bleiben wird, darf bezweifelt werden. Doch wie sieht die Rechtslage aus, wenn man im Internet einkaufen möchte? Und wie wird der Geldverkehr geregelt, bzw. welche Methoden bieten sich an, die preiswert und sicher sind?

Die Rechte des Kunden

Um gleich einem weit verbreiteten Missverständnis vorzubeugen: Der Handel im Internet verläuft keineswegs im rechtsfreien Raum. Natürlich gelten auch hier Gesetze, wenngleich die Gesetzgebung zu Beginn des E-Commerce ein wenig der Realität hinterherzuhinken schien. Besonders wichtig ist in diesem Zusammenhang das so genannte Fernabsatzgesetz, das am 13. April 2000 vom Deutschen Bundestag verabschiedet wurde und seit dem 30. Juni 2000 gilt. Damit wurden Rahmenbedingungen für den Einkauf im Internet geschaffen sowie für den sämtlichen Warenverkehr, der über Brief, Fax, E-Mail oder Telefon getätigt wird.

Verlängertes Rückgaberecht

Es sind vor allem zwei Dinge, die im Fernabsatzgesetz geregelt werden. Zunächst einmal geht es um das Recht des Verbrauchers auf entsprechende Information, und hinzu kommt die Möglichkeit, innerhalb von zwei Wochen (in Ausnahmefällen kann die Frist sogar noch länger sein) ohne Angabe von Gründen vom Kaufvertrag zurücktreten zu können.

Wenn Sie also mit einer Ware nicht zufrieden sind, können Sie diese innerhalb von zwei Wochen zurückschicken, wobei für die Wahrung der Frist lediglich die rechtzeitige Absendung (Poststempel) von Bedeutung ist. In welcher Form Sie den Widerruf abschicken, bleibt Ihnen überlassen. Empfehlenswert und sicherer ist natürlich ein Einschreiben.

TIPP Normalerweise muss der Verkäufer die Kosten für die Rücksendung tragen. Dies gilt allerdings nicht bei einem Warenwert unter DM 80,–. Hier muss der Unternehmer nur dann die Kosten der Rücksendung tragen, wenn die gelieferte Ware nicht dem bestellten Artikel entspricht.

Neben dieser Rückgabefrist legte der Gesetzgeber auch zahlreiche Informations- und Belehrungspflichten und bestimmte Gestaltungsvorgaben für den Händler fest. Wenn diese Vorschriften ignoriert oder falsch ausgeführt werden, drohen Abmahnungen oder, was für den Verbraucher natürlich noch wichtiger ist, ein auf bis zu vier Monate verlängertes Widerrufsrecht.

TIPP Genauere Informationen zu Ihren Rechten und Pflichten beim Internet-Einkauf erhalten Sie unter anderem bei den Verbraucherzentralen.

Ausnahmen vom neuen Gesetz

Natürlich gilt diese Rückgabefrist nicht bei allen Arten von Verträgen, die über das Netz geschlossen werden. Ausgenommen sind neben dem Herunterladen von Dateien auch folgende Geschäftsvorgänge:

- Bank- und Versicherungsgeschäfte
- Fernunterricht (hier gibt es ein eigenes Gesetz)
- Kauf und Verkauf von Immobilien
- Kauf von Gegenständen des täglichen Bedarfs, die im Rahmen häufiger und regelmäßiger Fahrten geliefert werden (z. B. Pizzaservice)
- Dienstleistungen wie die Unterbringung, die Beförderung, die Lieferung von Speisen und Getränken sowie Dienstleistungen in Bezug auf die Freizeitgestaltung, wenn ein konkreter Zeitpunkt oder Zeitraum der Leistungs-

erbringung vereinbart worden ist (z. B. Partyservice, Reisebüros)

- Bestellung von Waren, die nach individuellen Kundenvorgaben angefertigt werden

Mit diesem Gesetz ist die Bundesregierung in weiten Teilen den Richtlinien der EU gefolgt. Was allerdings fehlt, ist eine Fristsetzung bei der Ausführung der Aufträge. EU-weit sollte hier eigentlich eine Frist von 30 Tagen gelten, d. h., spätestens 30 Tage nach der Bestellung der Ware sollte diese beim Kunden eingetroffen sein. Überlange Lieferfristen werden uns also zumindest noch eine Weile erhalten bleiben.

Vorsichtsmaßnahmen beim E-Commerce

Beachten Sie auch folgenden Hinweise, wenn es um die Bestellung von Waren im Internet geht:

- Nutzen Sie die Möglichkeiten zum Preisvergleich, die das Internet bietet.
- Wenn Sie sich für ein bestimmtes Produkt bei einem bestimmten Händler entschieden haben, klären Sie, ob es sich um einen seriösen Händler und ein seriöses Angebot handelt. Große und bekannte Unternehmen können es sich natürlich nicht leisten, unseriöse Angebote ins Netz zu stellen. Aber wie sieht es mit kleinen Shops aus, die im virtuellen Raum womöglich größer auftreten als in der handfesten Realität? Kontrollieren Sie, ob Sie eine Adres-

se und eine Telefonnummer finden. So können Sie zumindest sehen, wo die Firma ihren Sitz hat.

- Problematisch wird es bei ausländischen Shops, die die Herkunft der Firma in keiner Zeile verraten. Dann sollten Sie Vorsicht walten lassen und im Zweifelsfall auf ein anderes Angebot zurückgreifen.

TIPP *Klicken Sie sich einmal bei »www.ciao.com« ein. Hier finden Sie eine umfangreiche Datenbank mit Meinungen von Verbrauchern zu bestimmten Produkten und Anbietern. Das hilft bei der Auswertung der vielen Angebote.*

- Suchen Sie die allgemeinen Geschäftsbedingungen auf der Web-Site des Unternehmens. Lesen Sie diese, bevor Sie die Ware bestellen, und drucken Sie sie aus, um im Zweifelsfall ihre Argumentation juristisch abzusichern.
- Drucken Sie die E-Mail aus, mit der Sie die Ware angefordert haben. In der Regel bekommen Sie vom Händler eine Bestätigung Ihrer Bestellung, die Sie ebenfalls bis zur Lieferung aufheben sollten.
- Achten Sie auf den Datenschutz, d. h., übermitteln Sie vertrauliche Daten (Name, Adresse, Kreditkartennummer etc.) nur dann, wenn es sich um eine gesicherte Verbindung handelt. Das erkennen Sie daran, dass in der Adresszeile des Browsers statt des gewohnten »http« ein »https« steht. Zudem zeigt der Browser eine gesicherte Verbindung durch ein Schloss- bzw. ein Schlüsselsymbol an.

Bezahlen im Netz

Fast so wichtig wie der Kauf der Ware ist auch die Frage der Bezahlung. Grundsätzlich bieten sich verschiedene Methoden und Möglichkeiten an:

Bezahlung per Vorauskasse

Meiden Sie Shops, die auf Vorauskasse (d. h. auf Bezahlung vor Lieferung) bestehen. Dies gilt vor allem dann, wenn sich der Firmensitz im Ausland befindet.

Bezahlung per Nachnahme

Bei der Nachnahme ist das Risiko zwischen beiden Parteien, also zwischen Versender und Kunde, relativ gerecht aufgeteilt. Dies ist wohl auch der Grund, warum diese Methode so beliebt ist. Das Problem der Nachnahme: Da die Ware nur dann vom ausliefernden Paketdienst an den Kunden übergeben werden kann, wenn dieser im Gegenzug die Ware bezahlt, müssen Sie sie selbst entgegennehmen. Für Berufstätige ist das oft problematisch. Sie finden nur eine Benachrichtigungskarte in Ihrem Postkasten und müssen dann das Paket selbst abholen.

TIPP Viele Firmen bieten einen Sicherheitsservice für die Übermittlung von Kreditkartennummern an: Die Nummer wird telefonisch – mittels Rückruf seitens der Firma – durchgegeben.

Bezahlen per Rechnung

Für Sie als Kunde ist diese Methode eigentlich am angenehmsten. Sie bekommen die Ware geliefert, und im Karton befindet sich eine Rechnung, die Sie innerhalb einer gesetzten Frist zu begleichen haben. Sie haben also ausreichend Zeit und Gelegenheit, die Ware zu prüfen, und bezahlen nur dann, wenn Sie mit den bestellten Produkten zufrieden sind. Andernfalls schicken Sie die Ware einfach wieder zurück, und der Fall ist für Sie erledigt.

Bezahlen mit der Kreditkarte

Dies ist wohl die am meisten genutzte Methode zum Bezahlen im Internet. Sie geben dem Versender Ihre Kreditkartennummer an, und er bucht von Ihrem Kreditkartenkonto den entsprechenden Betrag ab. Das geht einfach und schnell, allerdings hat die Sache einen Haken: Erstens ist es problematisch, wenn die Kreditkartendaten im Internet übermittelt werden. Einen gewissen Schutz bietet hier die Möglichkeit, die Daten zu verschlüsseln. Zweitens muss der Händler sicherstellen, dass seine Kundendaten (Name und die dazugehörigen Kreditkartennummern) nicht von Hackern ausspioniert werden können. Auf den ersten Teil der Sicherheitsproblematik haben Sie Einfluss, d. h., Sie geben nur dann Ihre Daten an, wenn die Verbindung gesichert ist. Sie erkennen dies am »https://« statt dem gewohnten »http://« im Browser.

Chip- oder Geldkarten

Mit diesen Karten können Sie kleine Beträge beim Metzger oder in der Bäckerei begleichen. Ist die Karte leer, wird Sie wieder mit maximal DM 400,– aufgeladen. Diese Technik könnte auch am PC funktionieren – sofern ein entsprechender Kartenleser (Preise zwischen DM 30,– und DM 150,–) am PC installiert ist. Da dies aber höchst selten der Fall ist, spielt die Geldkarte beim Bezahlen im Internet so gut wie keine Rolle.

Das könnte sich jedoch ändern: Da beim Homebanking viele Geldinstitute in der nächsten Zeit vom PIN/TAN-Verfahren abkommen und stattdessen auf Homebanking nach HBCI-Standard setzen werden, wird im Zuge dieser Entwicklung auch die Chipkarte an Bedeutung gewinnen. Die digitale Signatur, die fürs Homebanking nach HBCI benötigt wird, befindet sich nämlich in der Regel auf einer Chipkarte.

Virtuelles Geld

Insgesamt gesehen spielt das virtuelle Geld beim Bezahlen im Netz eine geringe Rolle. Am bekanntesten ist in Deutschland derzeit eCash, das von der Deutschen Bank angeboten wird. eCash funktioniert wie »richtiges« Geld, wobei hier Dateien den Gegenwert des Geldes darstellen. Dabei hat jede virtuelle Münze (Datei) einen bestimmten Code, anhand dessen sich überprüfen lässt, ob damit bereits bezahlt wurde oder nicht. eCash ist also anonymes Geld, da hier nicht der Käufer, sondern das virtuelle Geld überprüft wird. Doch, wie gesagt, eCash spielt mit rund zehn Shops, die dieses System unterstützen, in der Praxis eine unbedeutende Rolle. Dies gilt auch für das Cybercash-System, das vor allem von der Commerzbank, der Dresdner Bank und der HypoVereinsbank vorangetrieben wird. Auch hier ist die Anzahl der Akzeptanzstellen noch zu klein, um damit effektiv im Netz bezahlen zu können.

Bezahlen mit dem Handy: Die Paybox

Gute Ideen müssen nicht immer kompliziert sein, wie die Paybox beweist. Die Paybox nutzt das Handy, um Rechnungsbeträge zu begleichen, wobei diese Methode nicht nur zum Bezahlen im Internet genutzt werden kann, sondern auch zum Bezahlen in der realen Welt. Alles, was Sie dazu brauchen, ist ein normales GSM-Handy eines deutschen Netzbetreibers.

Und so funktioniert es: Nachdem Sie sich im Internet (www.paybox.de) haben registrieren lassen, bekommen Sie eine geheime PIN-Nummer zugewiesen. Wenn Sie nun einkaufen und mit der Paybox bezahlen wollen, geben Sie Ihre Handynummer ein. Der Server des Internet-Shops baut nun eine telefonische Verbindung zum Paybox-Server auf und übermittelt Rechnungsbetrag und Handynummer. Nun werden Sie vom Payboxserver auf Ihrem Handy angerufen, und Sie können den Zahlungsvorgang durch Eingabe Ihrer PIN legitimieren. Bei Zahlungsvorgängen in der realen Welt werden die benötigten Daten (Rufnummer und Betrag) vom Händler telefonisch übermittelt.

Mittlerweile setzen rund 500 Shops auf dieses System, und auch so manchen Taxifahrer und Pizzaservice können Sie über die Paybox entlohnen. Der große Vorteil: Die sensiblen Daten werden über das als sicher geltende GSM-Netz übermittelt und eben nicht über das Internet. Zudem ist die Verbreitung von Mobiltelefonen so groß, dass andere Systeme kaum eine Chance dagegen haben werden.

Zahlungswege im Überblick	
per Vorauskasse	*Ist in keinem Fall empfehlenswert; meist unseriös*
per Nachnahme	*Der Zahlungsweg ist seriös, aber nur bedingt zu empfehlen, wenn Sie tagsüber nicht zu Hause sind*
per Rechnung	*Unproblematisch und für den Kunden angenehm; wird aber von den wenigsten Internet-Shops angeboten*
per Kreditkarte	*Der häufigste Zahlungsweg im Internet; Vorsichtsmaßnahmen bei der Übermittlung der Kreditkartennummer sind geboten*
per Chipkarte/Geldkarte	*Womöglich das Zahlungsmittel der Zukunft, wenn Homebanking nach HBCI standardisiert wird*
eCash	*ausbaufähig, aber noch unbedeutend*
per Paybox	*Ein einfaches System mit Zukunft*

Glossar – Fachbegriffe einfach erklärt

@

Gesprochen: »at« oder »Klammeraffe«, auf der PC-Tastatur einzugeben über »AltGr« und »Q« oder »Alt« + »Strg« + »Q«. Bestandteil der E-Mail-Adresse. Wird auch gerne als Symbol für das Internet an sich verwendet.

Account

Zugangsberechtigung, Benutzerkonto, z. B. für einen Online- oder E-Mail-Dienst.

Attachment

Als Attachment bezeichnet man eine Datei, die an eine E-Mail angehängt und mit versandt wird. Ein Attachment kann beispielsweise eine Bild- oder Textdatei sein.

Banner

Werbeanzeige im World Wide Web. Ein Klick auf das Banner bringt Sie zur Seite des Werbenden.

Bookmark

Lesezeichen, das im Browser abgelegt wird. Bookmarks sind sehr hilfreich, wenn bestimmte Seiten immer wieder besucht werden sollen.

bps

Abkürzung für »bits per second«. Mit dieser technischen Einheit wird die Übertragungsgeschwindigkeit gemessen, mit der z. B. ein Modem oder eine ISDN-Karte Daten über das Telefonnetz transportieren kann.

Browser

Eine Software, mit der HTML-Dokumente abgerufen werden können. Diese Dokumente können sich auf Servern im Internet, aber auch lokal auf der Festplatte oder auf einer CD befinden. Verbreitete Browser sind Netscape Navigator und der Internet Explorer von Microsoft.

Chat

Bei einem Chat handelt es sich um eine in Echtzeit ablaufende schriftliche »Unterhaltung« zwischen zwei oder mehreren Benutzern des Internets.

Client

Der Client ist der Computer, der von einem Server Daten abruft. Ein Mail-Client ruft beispielsweise die eingegangenen Nachrichten von einem Mail-Server ab.

Cookie

Datei-Informationen, die ein Web-Server auf der Festplatte des Clients abspeichert. Beim nächsten Aufruf kann der Server individuelle Einstellungen des Benutzers wieder erkennen.

DFÜ
Abkürzung für Datenfernübertragung.

Domain (auch: Domain-Name)
Ein aus mehreren Teilen zusammengesetzter Name, mit dem ein Rechner im Internet identifiziert werden kann. Der Name »www.weltbild.de« setzt sich z. B. aus der Top-Level-Domain »de« (für Deutschland) und der Sub-Level-Domain »weltbild« (für den Namen des Anbieters) zusammen.

Download
Wenn Sie Ihre E-Mails oder andere Dateien aus dem Internet herunterladen, um diese auf Ihrer Festplatte zu speichern, spricht man von einem Download.

E-Commerce
Abkürzung für »Electronic Commerce« (= elektronischer Handel). Dieser Sammelbegriff umfasst alle Geschäftsprozesse und Transaktionen im Handel, die auf elektronische Art und Weise abgewickelt werden. E-Commerce wird oftmals durch den gleichbedeutenden Begriff E-Business ersetzt.

E-Mail
Abkürzung für »Electronic Mail« (= elektronische Post). E-Mail bezeichnet den Postdienst, mit dem sich auf der Basis des entsprechenden Internet-Protokolls Nachrichten und Daten weltweit austauschen lassen.

Ethernet

Netzwerkprotokoll für lokale Netzwerke; wird meist in größeren Firmen genutzt.

Firewall

Bei einer Firewall (»Brandmauer«) handelt es sich um ein Sicherheitskonzept, das Zugriffe aus dem öffentlichen Internet auf lokale Firmennetzwerke verhindern soll.

FTP

»File Transfer Protocol«. Ein Bereich des Internets, in dem reine Textdaten, keine Bilder, Audiodaten oder Videos übertragen werden können; gut geeignet für größere Datenmengen, weil dieses Verfahren sehr schnell ist.

GSM

»Global System for Mobile Communication«. Mobilfunkstandard, der in Deutschland mit 900 MHz (D1, D2) und 1800 MHz (E-Plus, ViagInterkom) läuft.

Homepage

Die private Web-Seite eines Internet-Nutzers oder die Startseite einer Web-Site.

HTML

Abkürzung für Hypertext Markup Language: Bei HTML handelt es sich um die Programmiersprache für Internet-Seiten.

HTTP

Abkürzung für Hypertext Transfer Protocol: Dieses Protokoll regelt die Übertragung der in HTML verfassten Dokumente im WWW.

Hyperlink

Der Hyperlink, oftmals auch einfach als »Link« bezeichnet, beschreibt die markierte Stelle einer Web-Seite, die auf einen anderen Teil innerhalb dieser Web-Seite oder auf eine ganz neue Seite verweist. Klickt man diese Stellen an, lädt der Browser die entsprechende Seite.

Internet Service Provider (ISP)

Ein Dienstleister, der nicht nur für den technischen Anschluss an das Internet sorgt, sondern darüber hinaus zusätzliche Dienste, wie den Betrieb eines Web-Servers oder den Aufbau von Web-Sites, anbietet.

Intranet

Beim Intranet handelt es sich um ein firmeneigenes Netzwerk, das auf Basis der Internet-Technologie funktioniert. Oftmals ist das Intranet, das durch bestimmte Zugriffsrechte gegen Eingriffe von außen geschützt ist, mit dem Internet verbunden.

LAN

Abkürzung für »Local Area Network« (lokales Netzwerk), mehrere miteinander vernetzte Rechner.

Liste/Mailingliste

Halböffentliche Newsgroup, meist für Spezialisten.

Mailbox

Persönlicher elektronischer Postkasten, auf dem alle eingehenden E-Mails gespeichert werden.

Netizen

Kunstwort, aus »Net« für »Netz« und »Citizen« für »Bürger«, übersetzt etwa »Netzbürger«, bezeichnet einen erfahrenen Netzbenutzer. Ein »Newbie« dagegen ist neu im Netz und findet sich noch nicht so gut zurecht.

Newsgroups

Thematisch strukturierte Diskussionsgruppen im Internet oft mit begrenztem Zugang.

Newsletter

Eine besonders beliebte Form der Informationsverteilung im Internet. Anwender, die sich mit ihrer E-Mail-Adresse in eine Newsletter-Liste eintragen, bekommen sie regelmäßig zugesandt. Herausgeber sind in der Regel große Firmen oder Nachrichtenagenturen. Die meisten Newsletter sind für den Empfänger kostenlos.

Offline/Online

Ein Rechner ist an ein Netz (Internet, LAN) angeschlossen (online) oder nicht (offline).

PGP

PGP, Pretty Good Privacy, heißt das bekannteste Programm zum Verschlüsseln von E-Mails. Die Software arbeitet mit dem so genannten Public-Key-Verfahren.

Plug-In

Zusatzprogramme, die dafür sorgen, dass bestimmte Inhalte (z. B. Filme, Grafikformate etc.) auf einem Browser dargestellt werden können. Man kann sie in der Regel kostenlos von der Seite des Herstellers herunterladen.

Provider

Anbieter für Internet-Dienste, entweder für registrierte Nutzer oder per Internet-by-Call.

Proxy

Hierbei handelt es sich um eine Art Zwischenspeicher für WWW-Seiten. Ruft z. B. ein Benutzer in einer Firma eine Internetseite auf, wird diese automatisch im Proxy-Speicher geladen. Ruft nun ein anderer Benutzer derselben Firma diese Seite ebenfalls auf, wird sie nicht mehr aus dem Internet, sondern aus dem Speicher des Proxy-Servers geladen. Auf diese Art lässt sich das Surfen z.T. erheblich beschleunigen.

Router

Unter einem Router versteht man einen Rechner, der für die Datenübertragung zwischen verschiedenen Netzwerken sorgt. Ein ISDN-Router stellt beispielsweise die Verbindung zwischen einem lokalen Netzwerk und dem Internet über einen ISDN-Anschluss her.

Server

Ein Rechner, der Daten zentral speichert und diese den angeschlossenen Clients zur Verfügung stellt.

Spam

»Shit posted as Mail« – unerwünschte Werbung per E-Mail.

Suchmaschine

Sucht nach Eingabe eines Stichworts nach entsprechenden WWW-Adressen.

TCP/IP

Das grundlegende Protokoll für den Datenaustausch im Internet heißt Transmission Control Protocol/Internet Protocol und wird mit TCP/IP abgekürzt.

Tool

»Werkzeug«, kleineres Programm.

Trust-Center

Zertifizierungsstelle für verschlüsselte digitale Signaturen. Ein Trust-Center bürgt für die Echtheit der Signaturen und bietet so mehr Sicherheit im elektronischen Handel.

Upload

Werden Dateien von einem lokalen Rechner auf einen Server kopiert, so spricht man von einem Upload. In die entgegengesetzte Richtung heißt das Verfahren Download.

URL

Die korrekte Bezeichnung für die eindeutige Internet-Adresse einer Web-Site (z. B. www.firma_xy.de) heißt Uniform Resource Locator, abgekürzt URL.

Web-Seite

Als Web-Seite bezeichnet man eine einzelne HTML-Seite, die oftmals nur ein Teil eines Gesamtangebots (→Web-Site) ist.

Web-Site

Sammelbegriff für die gesamte Internetpräsenz einer Firma oder einer Privatperson. In der Regel handelt es sich um mehrere Web-Seiten, die untereinander über Links verknüpft sind und meist mit der Homepage beginnen.

WWW

Abkürzung für das World Wide Web, den bekanntesten und beliebtesten Teil des Internets. Hier werden Text-, Bild- und Tondateien auf Basis des HTTP-Protokolls so übertragen, dass sie mit einem Web-Browser betrachtet werden können. Als Programmiersprache dient HTML.

ÜBER DIESES BUCH

Der Autor

Volker Zwick, Diplom-Politologe, lebt als selbstständiger Journalist bei Augsburg. Er ist für verschiedene Computerzeitschriften tätig und hat mehrere Bücher zum Thema Internet veröffentlicht.

Haftungsausschluss

Die Inhalte dieses Buches sind sorgfältig recherchiert und erarbeitet worden. Dennoch kann weder der Autor noch der Verlag für die Angaben in diesem Buch eine Haftung übernehmen.

Impressum

Weltbild Buchverlag

Projektleitung: Dr. Ulrike Strerath-Bolz
Redaktion: Susanne Haffner
Umschlag und Layout: Lydia Koch
Satz: Anke Kiederle
Druck und Bindung: Ebner Ulm

Gedruckt auf chlorfrei gebleichtem Papier
Printed in Germany
ISBN 3-89604-417-6

REGISTER